The Useless Machine 173

'77 Roman Elegy 8.95

217 The Road to The Carmelite Chapel

The Cortege 209

'43 Lucania

Two Poets in the Park 157

Suicide Room 205

Dawn 155

Magpie in a Tailorshop 159

201 Interior

199 St Martin's Moon

The Windows on Via Rubens 175

181 Easter in the Park

The Disciples 161

63 Feb: twilight in Monte P.

197 Father Came Back

The Ellipse

SELECTED POEMS OF
LEONARDO SINISGALLI

THE LOCKERT LIBRARY
OF POETRY IN TRANSLATION

Editorial Advisor:
John Frederick Nims

For other titles in the Lockert Library,
see page 249.

The Ellipse

SELECTED POEMS OF
LEONARDO SINISGALLI

Translated by
W. S. Di Piero

PRINCETON UNIVERSITY PRESS

The Lockert Library of Poetry in Translation is supported by
a bequest from Charles Lacy Lockert (1888-1974)

This book has been composed in Linotron Bodoni Book

Clothbound editions of Princeton University Press books
are printed on acid-free paper, and binding materials are
chosen for strength and durability

Printed in the United States of America by Princeton
University Press, Princeton, New Jersey

In memory of my father

CONTENTS

II: 1947-1962

III: 1962-1979

x

AFTERWORD

ACKNOWLEDGMENTS

Grateful acknowledgments are made to the following magazines in which some of the material from this book first appeared: *Affinities, The Agni Review, Blue Buildings, Buckle, Footprint, Green River Review, International Poetry Review, La Fusta, New Directions 44, The New Orleans Review, Pequod, Poetry Now, Poet Lore, Porch, Sackbut Review, Small Moon, Tar River Review.*

The Ellipse

SELECTED POEMS OF
LEONARDO SINISGALLI

INTRODUCTION

The twenties and thirties were a time of major change in Italian poetry. Eugenio Montale's "The Lemon Trees" (1921), one of the first calls to a new attentiveness, began with a renunciation of standardized ornate diction ("poet laureates / walk only among plants / with unusual names—buxus, acanthus") and went on to celebrate more roughened vitalistic subject matter ("But *I* love streets that spill into grassy / ditches, where kids scramble after skinny eels/ in half-baked puddles"). Montale was not alone in insisting on a new kind of anti-eloquence, of mineral understatement. He and a number of his contemporaries—Ungaretti, Gatto, and Sereni were perhaps the most prominent—wanted ecstasy in intimate commonplaces, and a language of brilliant privacy. Their subject was usually a privileged instant of perception. Leonardo Sinisgalli, whose first poems appeared in the late twenties, shared the same general purpose and he has consequently come to be included in that group whose refined mode of seeing and speaking the critic Francesco Flora later termed "Hermetic." His contribution, however, was a singular one; and he, like Montale, soon pushed beyond the rather tight parentheses of the movement we now call Hermeticism.

Sinisgalli was drawn to inconspicuous subjects, and he believed poetry to be a reckoning with the minimal. This is not to say that the poet was now compelled to celebrate impoverishment or diminution, but that the significance of subject matter (and of the poet's relation to it) has been calibrated according to a different measure. Writing of his own beginnings in the autobiographical essay "On the Figure of the Poet" (see page 227), Sinisgalli said that although the poet is privileged in his perceptions, a gatherer of all the energies loose in the world, he remains a member of the lower orders, kin to scorpion, fly, ant, and toad. He invests his enthusiasm in the low rather than the high, in the small rather than the grandiose. Poetry, for him, is localized speech, an

act of registering and organizing instances caught in the phenomenal world; it is not a grid of sentimental explanations. The poet asks nothing of the world but that it be; he accepts and articulates the grace of the moment. He cannot "exclude himself from the world, visible or invisible, that stands around him. He is possessed by all things." This possession, this filling-of-self, when told plainly and precisely, constitutes a rare mode of feeling. And it is the intent that stands back of Sinisgalli's entire career.

He brought to his poetry a rich and rather eccentric history. Born in 1908 in Montemurro, a small town about one hundred miles southeast of Naples in the barren mountainous region of Lucania, he left his country origins in 1926 to study engineering in Rome, his head filled with poetry and mathematics. He so distinguished himself in his studies that Enrico Fermi invited him in 1929 to attend the illustrious Istituto di Fisica. Sinisgalli refused, later explaining: "Although I could have joined the young men who were ushering in the atomic age, I preferred to follow the painters and poets, and gave up the study of slow neutrons and artificial radioactivity." While publishing his first poems (*Cuore* appeared in 1927, *18 Poesie* in 1936) he pursued his interests in architecture, painting, and graphic arts. His skills in the design arts led to a position in industry. In 1937 he became advertising director for Olivetti, and his career in advertising and design sustained him throughout his professional life (he later worked for Pirelli, Alitalia, and E.N.I., the state energy corporation). In 1953, he founded *Civiltà delle macchine*, the most influential journal of graphics and design arts in its time, which he directed until 1959. All the while he continued to publish poems, stories, and essays on the arts and mathematics. He also exhibited his graphics and watercolors at numerous galleries. When he died on January 30, 1981, he was at work on a new collection of poems and was preparing a show of his watercolors for a gallery in Rome.

This quick chronology barely suggests the unusual faculties

and preoccupations that shaped Sinisgalli's poetry. More than any of his contemporaries, he was concerned with the architectonics of the poem. Although his early work bears the intimate and at times mystifying tones of Hermetic verse, the poems are more importantly acts of exquisite arrangement, dispositions of word-objects which comprise figures of sentiment. This is not to suggest that they are, to borrow Montale's phrase, "little machines," but rather that his poems are attempts to speak with Cartesian precision, to distribute words as one distributes the terms of an equation, though all finally converge, as he says, on the elusive "i," the imaginary number. Sinisgalli's purpose throughout is to arrive at a design for seeing, an architecture of vision. The result is a poetry at once denotative and spectral. Having always been fascinated by the capacity of mathematics to imagine and quantify the invisible, to calculate a something beyond nothingness (he once said that in his youth mathematics was a form of mystical experience), Sinisgalli considers grammar, by extension, a "physics of words." Thus in his poems he seeks to calibrate moments past and present as they gravitate around him so that the unseen, the numinous, may be suddenly released.

Sinisgalli's scientific learning led him not to arrogant certitude but to a cultivation of innocence, of "unwisdom," a love of mere probability that encouraged him to question received pieties, codes, protocols. He would renounce wisdom in favor of gross unexpected energies, all convergent upon the page, in the word. Having mastered sophisticated technical instruments (see his prose poem "I know a lot about technology"), his spirit on the contrary inclines toward chance and error, toward the promise of the unknown held out by instinct and idle wish, all the while aware of what he calls "the symbiotic relationship between intellect and instinct, reason and passion, the real and the imaginary." His imagination, like Valéry's (whom Sinisgalli admired and whose sensibility he shared), is claimed by higher mathematics be-

5

cause it discloses "the prosody of the invisible." He has therefore speculated that what appears to be non-poetry may in fact be the secret territory of poetry. The language Sinisgalli often uses to actualize this prosody is mythic speech.

The power of mythic speech lies in its precise denotative selection of detail, the placement of creature, locale, and event in order to tell unequivocal history. It fixes a structure of instinct and idea as determinants of action. It is this denotative accuracy that gives mythic speech its apparently simple, primitive appearance, and it has led some critics to regard Sinisgalli's poetry as *"gelida"* or *"fredda"*—icy, cool, remote. Indeed Sinisgalli was the first to admit that he did not write a poetry of blood and tears. We seldom hear the clamorous petulant "I" or overheated Self. His poems turn a steady disinterested gaze at the story the world tells.

The two crucial locales in Sinisgalli's poetry are Lucania and the Italian metropolis—Village and City. In the Village lives the Tribe, in the City are wife and friends. The poet is the Pilgrim, village son and city citizen, whose words trace a career between the two. Lucania seems a place outside history, in Giuseppe Pontiggia's words "a privileged space, archaic, remote, outside time." The people there live mostly outdoors; indoors, they live so close to the threshold that the village air fills with kitchen odors and family cries. A favorite toy of children is *la rotula*, the kneecap of a sheep or cow or horse. Custom is fixed and ancient as stone outcrop. Lives turn inside seasons, roughened by the demands of an eternally vivid present. Needs are simple and cherished—a slice of pear, a fig, a sprig of mint, a bundle of firewood. The Tribe may lay claim to the earth only because they know that the earth at every point claims *them*. In "I'll Remember This Autumn," the poet-pilgrim looks into his father's eye and sees corn earing in a valley. Sinisgalli does not glamorize this world. There are no plump dancing peasants, no golden glow skirting the frame of the image. He reckons instead with its

6

knitted structure of need and recurrence, the design of instinct and will.

If the Village issues from earth, the City seems all man-made time, the architecture of intellect dressed in stone and glass. In two of the poems included here Sinisgalli refers to his "dangling machine," a mobile suspended from the ceiling of his room in the city, its definition of space a gesture of measured, suspended intellect. He has written poems about famous citizens—Descartes, Pascal, Schopenhauer, Goethe— whose powers of hypothesizing have always claimed his imagination, in part because their seriousness coalesces with the highest forms of play. At times the Pilgrim sees City and Village at once. Walking through Rome in "Roman Elegy" he admires the titanic images of Michelangelo, whose Apollonian intelligence gave form to the City's highest aspirations and ambitions, while at the same time he follows closely the progress of seasons, the blooming of mimosas, the freezing of locust trees, the shapes of clouds and roses.

Many of Sinisgalli's poems can be enlisted under the rubric "Roads, Streets, Rooms." He is quite literally a pilgrim, mostly on the move, past rivers, shop-fronts, railways, trees, houses. When at rest in secluded rooms or at cafe tables, he registers the movements around him. In many poems a present occasion becomes transfigured into an act of remembrance, an overlapping of instants. In his physics of words the most important function is verb tense. The present conjures the past, the remote past floods the future. The grammar of time allows him to build tiers of memory, slabs of things and moments, while he seeks his own place among the layers, the congruent planes. Sinisgalli shares with Dante a passion for the geometry of vision, and for a way of walking through or pausing in the concentric figures of place and time. It is here that the energies of mind and imagination fuse with the energies radiating from the phenomenal world. That scansion of the moment gives a structure to knowledge.

I am grateful to Richard Pevear for his comments and suggestions regarding several of the poems included here. I also wish to thank William Arrowsmith, whose generous criticisms not only helped me to improve significantly many of these translations but which also saved me from a couple of blunders; moreover, he encouraged me when I most needed encouragement.

W. S. Di Piero

I

1927-1947

Ora so non dolermi

Ora so non dolermi
Se la mano nel buio
Tocca il fondo e tu non ci sei.
Allora cercavo la tua ombra
In quella del muro
Sulla terra bianca d'infanzia.
I compagni gridavano a perdifiato
Freschi di capelli nell'afa.
Tu muovevi la polvere dietro le spalle.

I Know Now Not to Complain

I know now not to complain
When my hand reaches deep into darkness
And you're not there.
I used to look for your shadow
In the shadow the wall cast
On the white earth of childhood.
Our friends yelled and squealed,
Their hair crisp in the steamy air
While you kicked up dust behind your back.

A bel vedere sull'aia

A bel vedere sull'aia
Tante notti abbiamo dormito,
Le mani affondate nel grano,
Il sonno guardato dai cani.
Più mansueti erano i tuoi piedi
Dei colombi fatti per burla
Col panno bianco dei fazzoletti.
Avevi fili di paglia nei capelli:
Alle spalle muovevi il prato
A una trepida suoneria.

We've Spent So Many Nights

We've spent so many nights
In the loft above the threshing floor,
Our hands buried in wheat,
Sleeping while the dogs watched.
Your feet were gentler
Than the doves we made for fun
From the white cloth of handkerchiefs.
There were wisps of straw in your hair;
You turned, and the field at your back
Quivered and rang.

I cani allentano la corsa

I cani allentano la corsa
Tra i pali arsi delle viti.
Così bassa è Orione
Queste sere miti di fine d'anno.
Oscilla il Carro d'oro a questa svolta.
Tu guardi l'alba della luna rossa
Nell'uliveta. La collina è scossa
Da un rumore di frantoio.
Fresca è la ghiaia: sui passi tuoi
La ruota non la spezza.
Perduta alle spalle la fanciullezza
Si fa più lontana, ombra
Cieca nella polvere.

The Dogs Are Running More Slowly

The dogs are running more slowly
around the burnt vine stakes.
Orion hangs low
These mild evenings at the end of the year.
The golden Wain swings toward this turn.
You watch the red moon dawning
In the olive grove. The hill is shocked
By the sound of the rock-crusher.
The gravel's fresh: the wheel
Doesn't crunch where you walk.
Lost behind us, childhood
moves farther off, a blind
shadow in the dust.

Mi difendo a questa raffica

Mi difendo a questa raffica
Che spolvera la luce della piazza
Sulle cime dei pioppi.
Nel debole riverbero uno stormo
Di foglie risale il ciglio della murata.
Batte qui dove mi duole
Questa voce tutta notte:
Mi ritorna la triste
Vocazione ad esistere,
La brama di cercarmi in ogni luogo.

I'll Protect Myself

I'll protect myself from the quick wind
Dusting the piazza light
On the tops of the poplars.
In the quivering pause a swarm
Of leaves climbs the brow of the wall
And thrashes there, a voice
Aching in me all night long.
Again I feel the sad
Vocation to exist,
Dying to seek myself in every place.

Mi ricorderò di questo autunno

Mi ricorderò di questo autunno
Splendido e fuggitivo dalla luce migrante,
Curva al vento sul dorso delle canne.
La piena dei canali è salita alla cintura
E mi ci sono immerso disseccato dalla siccità.
Quando sarò con gli amici nelle notti di città
Farò la storia di questi giorni di ventura,
Di mio padre che a pestar l'uva
S'era fatti i piedi rossi,
Di mia madre timorosa
Che porta un uovo caldo nella mano
Ed è più felice d'una sposa.
Mio padre parlava di quel ciliegio
Piantato il giorno delle nozze, mi diceva,
Quest'anno non ha avuto fioritura.
E sognava di farne il letto nuziale a me primogenito.
Il vento di tramontana apriva il cielo
Al quarto di luna. La luna coi corni
Rosei, appena spuntati, di una vitella!
Domani si potrà seminare, diceva mio padre.
Sul palmo aperto della mano guardavo
I solchi chiari contro il fuoco, io sentivo
Scoppiare il seme nel suo cuore,
Io vedevo nei suoi occhi fiammeggiare
La conca spigata.

I'll Remember This Autumn

I'll remember this autumn
Gleaming and skittish in the migrant light
That curves in the wind across the slouching reeds.
The canals at floodtime swelled waist high—
Shriveled by the dry heat, I plunged in.
When I'm with friends at night in the city
I'll tell the story of these privileged days,
Of my father whose feet turned red
Treading grapes,
Of my shy mother
Carrying a warm egg in her hand,
Happier than any bride.
My father talked of that cherry tree
Planted on their wedding day. It hasn't
Bloomed this year, he told me. He dreamed
It would someday be their firstborn's wedding bed—mine.
The north wind blew open the sky
To the quarter moon. A moon
With a calf's pinkish budding horns!
Tomorrow we'll be able to plant, he said.
I looked at his open palm, its creases
Sharpened by the firelight, I heard
The seed explode in his heart,
I saw blazing in his eyes
The corn-ripened conch.

Narni-Amelia Scalo

I ricordi li cancelli questa sera
Che un nome nuovo ti solleva la fatica
E una data scritta sopra la lavagna.
Sostano in mezzo alla campagna
I convogli dei treni merci.
Poi girano lentamente sul ponte della Nera.
T'è lontana la voce lungo i nastri
Trasportatori, straniera la terra
Distesa sotto la tettoia.
Ti sembra che ogni guerra
Si concluda in una resa e che ti valga
Per la tua povera gioia
La docile sorpresa dei tuoi astri
Familiari in un cielo d'esilio.
È un'ora buona per te e questi allarmi
Di campanelle nel fumo non ti dolgono.
Aspetti che risalga
Il secchio dalla stridula cisterna.
Oscillano nell'oscura fuligine i vetri rossi
Della lanterna. Tu senti che è primavera
Da queste ventate di meli scossi
Dai treni lungo la pianura.

Freightyard at Narni-Amelia

Tonight you erase all memories.
A new name, a date on the board,
Allow you a little rest.
The long freight trains pause
In the middle of the countryside
Then slowly roll across the Nera bridge.
You're far from the voice of the lengthening
Rails, and the earth's a stranger
Stretched beneath the platform shed.
You feel that every war
Ends in surrender and that
For your modest joy you need
Only the soft surprise of your domestic
Stars in a sky of exile.
These are good moments for you; you're not bothered
By the air-raid alarms jangling in the smoke.
You wait for the pail
To rise from the squealing cistern.
Red lantern panes flicker
In the black soot. You can hear spring
In this windstorm of apple trees shaken
By trains running across the flatlands.

Via Velasca

Il calpestìo di tanti anni
L'ha quasi affondata, la via
Incredibilmente si è stretta.
Questa è l'ora mia, la mia ora diletta.
Io ricordo la sera che alla fioca
Luce si spense ogni rumore, un grido
Disse il mio nome come in sogno e sparve.
La via s'incurva, sgocciola
Il giorno dalle cime dei tetti:
Quest'ora dolce suona nel petto.
Non è che una larva restìa
La luce, un barlume: entro la boccia
Di vetro un pesce s'illumina.

Via Velasca

Years of pounding have nearly
Caved it in, and it's hard to believe
The street's gotten narrower.
This is my hour, my favorite hour.
I remember one night all noise died
In the fading light, a voice
Cried my name as if in a dream
Then stopped.
The street bends, the day
Drips from the rooftops,
The sweet hour sings in me.
The light is only a stubborn
Ghost, a glow: a fish
Gleams in the glass bottle.

Passiflora

È nostro ancora questo fioco
Lume della sera, un barbaglio
Sulle cime dei lecci. Il fuoco
Nella stanza si consuma; (un sommesso
Brusìo disperde la tua vigilanza)
E appena ti lambisce svampa
La veste: un ardore
Ti difende dalla fiamma come la foglia
Sempreverde. Tremi
Ora che gli orti
Devasta la tramontana
E ne patisce dietro i lividi vetri
La pigra passiflora.

Passionflower

It's still ours, this fading
Evening light, a glare
On the crowns of the holm-oaks. The fire
Burns in our room (a muffled
Rumbling snaps your vigil)
And as soon as it licks you
Your dress blazes: passion
Shields you from the flame like the leaf
Of an evergreen. You tremble
As the north wind
Ravages the orchards,
And behind the ashen windows mourns
The torpid passionflower.

Sera di San Lorenzo

Mi rialzo alle colline
(così lustre di pula lenta nel soffio d'agosto).
Silvestro, dolce amico, mi rassegni
D'ogni cosa trascorsa, dell'usura
Che fa liscia la pietra sopra il grano,
E una foglia mi porgi sulla mano
Generosa. Nel torpido alone
Della giovane luna ti chiudi
E parli di tante allegrie.
Fresco il vento sugli occhi si avviva
E rintoccano i sonagli alle vette.
Sono luci di San Lorenzo
Le fole che vidi ardere: tu ridi
Se penso la fila lunga
Di formiche che bruci.

Night of Shooting Stars

I go back up to the hills
(they shimmer with wheat bent by the August breeze).
Silvestro, dear friend, you deliver me
To all things past, to the stress and toil
That wears the stone smooth over the grain,
And you offer me a leaf in your generous
Hand. You stand inside
The young moon's lazy halo
Talking about all the right things.
The crisp wind flickers in your eyes
And harness bells jangle on the hilltops.
The enchanted crowds I saw ablaze
Are the lights of San Lorenzo. You laugh
When I fret over the long trail
Of ants you're burning.

Una pioggia di cenere, il bagliore

Una pioggia di cenere, il bagliore
Dei fari sulle piante semprevive
Questa sera. Più tenera ti serra
La querela di parole perdute
A un caro braccio, a un'ombra
Che t'avvinca. Al buio
Stenti a trovare la traccia
D'una strada sepolta, e una pervinca
Nel fumo della nebbia, raso
Terra una luce pungente
Spunta ai bordi del salvagente.

Ashes Raining Down

Ashes raining down, the glare
Of lamps on evergreens
Tonight. The lament of lost words
Locks you, more tenderly,
In a fond arm, in a shadow
Binding you. In the dark
You can barely find the trace
Of a buried street, and a periwinckle
In the smoky fog, a piercing
Light hugging the ground
Pokes from the street-island's edge.

Strepita la campana
al capolinea

Strepita la campana al capolinea.
La tramontana spazza contro il fiume
La polvere delle case in rovina.
Eccoti sola e la piazza ti sperde
Al bivio, e tu non sai
Più vivere, non sai dimenticare.
Era verde il sambuco quella sera,
Freschi i tumuli di terra
Fuori della città lungo il declivio
Che da Santa Sabina
Scende a Bocca della Verità.
Ahi, ahi, stravolta (oggi l'anno ci coglie
Così distanti per le strade traverse)
Tu cammini, io ti chiamo. Alle finestre
Scroscia a sghembo la pioggia.
E ti sollevi l'ammasso di capelli
Dagli orecchi, scrolli
I perduti ricordi: una nube
Di corvi dal mio cielo
S'è posata stasera nel tuo specchio.

The Bell's Clanging
at the End of the Line

The bell's clanging at the end of the line.
The north wind sweeps upstream
The dust of houses in ruin.
You're here alone. The piazza urges you
To the crossroads, and you no longer know
How to live, how to forget.
The elder tree was green that night,
Mounds of fresh earth
Outside the city along the slope
Running from Santa Sabina
Down to Bocca della Verità.
O, hurt and aching (today the year catches us
Far apart on separate streets)
You walk, I call you. The rain
Slants down, pelting the windows.
You lift that mass of hair
Above your ears and shake away
Lost memories. A cloud
Of crows from my sky
Has roosted tonight in your mirror.

Forse è vano anche questo ricordo

Forse è vano anche questo ricordo
Appena vivo per un fischio
Del ragazzo scomparso
Dietro le mura del borgo
Una mattina di nevischio.
Avevi la testa bendata
Rosso angelo litigioso,
Ti spuntava un'umida rosa
Di sangue sotta la garza.
Io ti persi lungo le rampe
Delle mura. Ora non vedo
Che la tua ombra sulla neve
Azzurra, il lume delle tue gambe.

Maybe This Memory Too Is Useless

Maybe this memory too is useless,
Barely alive in the whistling
Of a boy disappearing
Behind the village walls
One sleeting morning.
Your head was bandaged,
Feisty red angel,
A moist rose of blood
Blooming under the gauze.
I lost you along the ramps
On the wall. Now I see
Only your shadow on the blue
Snow, the glow of your legs.

A mio padre

L'uomo che torna solo
A tarda sera dalla vigna
Scuote le rape nella vasca
Sbuca dal viottolo con la paglia
Macchiata di verderame.
L'uomo che porta così fresco
Terriccio sulle scarpe, odore
Di fresca sera nei vestiti
Si ferma a una fonte, parla
Con l'ortolano che sradica i finocchi.
È un uomo, un piccolo uomo
Ch'io guardo di lontano.
È un punto vivo all'orizzonte.
Forse la sua pupilla
Si accende questa sera
Accanto alla peschiera
Dove si asciuga la fronte.

To My Father

The man returning alone
From the vineyard late at night
Rattles turnips in the tub,
Turns off the footpath with straw
Smeared bluegreen.
Fresh loam on his shoes,
Clean evening odor
In his clothes, the man
Stops by a fountain, talks
To the gardener picking fennel.
I watch the man, the small
Man, from a distance.
He's a moving point on the horizon.
Maybe tonight
His eye will catch fire
Beside the fishpond
Where he wipes his forehead.

Dietro i muri c'è un roco

Dietro i muri c'è un roco
Tubare di colombe.
Sono gli Dei del focolare
O è il vento sulle tombe?
Si chiude senza fortuna
Il giro degli anni. Ruota
Il sangue a ogni nuova luna,
S'alza il verde da terra
La capra sulla balza.

Behind the Walls

Behind the walls there's a hoarse
Coo-cooing of doves.
Is it our gods of hearth and home?
Or the wind on the gravestones?
The years wheel
To an end, no luck. Blood
Spins with each new moon,
Green life springs from earth,
The she-goat leaps up the cliff.

Similitudini

Potevo un tempo perdervi
in mille similitudini!
I cieli erano colmi,
il mio cuore era ricco.

La pianta del fico non aspettava l'acqua.
Mi son fatto avaro
dei pochi resti del mondo.
Ora ascolto e rispondo.

Likenesses

There was a time when I could lose you
in a thousand likenesses!
The skies overflowed,
my heart was rich.

The fig plant wanted no water.
But I've become greedy
for the world's few leftovers.
Now I listen and reply.

Il cane di Lazzaro

Tu sei solo nella notte,
Cammini senza lasciare traccia.
Tu passi senza lasciare odore
Tra i neri tralci di rose
Che m'insanguinano la faccia.
Tu sei un'ombra, le tue spalle
Sono più leggere più vane
Dell'ombra delle farfalle
Sulle acque.

Saprò trovarti col fiuto
Oltre le rosse riviere,
Udrò il tuo corno di soprassalto.
Ti portavo all'aurora
Il primo saluto del giorno,
L'odore di timo sul muso.

Io ti portavo in bocca
I pesci dalle secche riviere,
Le folaghe ferite tra le felci.
Il tuo sangue era più veloce
Delle mie gambe, la tua spalla
Più forte della sbarra
Dove il fiume perde la voce.
Bello e fiero, tu eri
Nuovo da ogni lato
E dritto come le penne
Dello sparviero fucilato.

Lazarus' Dog

You're alone in the night
And leave no spoor
Where you pass, no scent
On the black rosebriars
That bloody my face.
You're a shadow, your shoulders
Are lighter emptier
Than butterfly shadows
On water.

I'll sniff you out
Beyond the red shores,
I'll hear your unexpected horn.
I was always the first
To greet you at dawn,
Muzzle smelling of thyme.

In my mouth I brought you
Fish from the dry shores,
Coots wounded in the ferns.
Your blood ran faster
Than my legs, your back
Stronger than the floodgate
Where the river's voice breaks.
Handsome and proud, you were
New in every way
And straight as the quills
On a shot hawk.

Lucania

Al pellegrino che s'affaccia ai suoi valichi,
a chi scende per la stretta degli Alburni
o fa il cammino delle pecore lungo le coste della Serra,
al nibbio che rompe il filo dell'orizzonte
con un rettile negli artigli, all'emigrante, al soldato,
a chi torna dai santuari o dall'esilio, a chi dorme
negli ovili, al pastore, al mezzadro, al mercante,
la Lucania apre le sue lande,
le sue valli dove i fiumi scorrono lenti
come fiumi di polvere.

Lo spirito del silenzio sta nei luoghi
della mia dolorosa provincia. Da Elea a Metaponto,
sofistico e d'oro, problematico e sottile,
divora l'olio nelle chiese, mette il cappuccio
nelle case, fa il monaco nelle grotte, cresce
con l'erba alle soglie dei vecchi paesi franati.

Il sole sbieco sui lauri, il sole buono
con le grandi corna, l'odoroso palato,
il sole avido di bambini, eccolo per le piazze!
Ha il passo pigro del bue, e sull'erba,
sulle selci lascia le grandi chiazze
zeppe di larve.

Terra di mamme grasse, di padri scuri
e lustri come scheletri, piena di galli
e di cani, di boschi e di calcare, terra
magra dove il grano cresce a stento
(*carosella, granoturco, granofino*)
e il vino non è squillante (menta
dell'Agri, basilico del Basento!)
e l'uliva ha il gusto dell'oblio,
il sapore del pianto.

Lucania

To the pilgrim crossing its frontiers,
moving down through the Alburni pass
or following the sheep-track on the slopes of the Serra,
to the kite snapping the horizon line
with a snake in its claws, to the emigrant, to the soldier,
whoever comes back from refuge or exile, whoever sleeps
in sheep pens, to the shepherd, sharecropper, and salesman
Lucania opens its barren plains,
its valleys where rivers crawl
like rivers of dust.

The spirit of silence is everywhere
in my grieving province. From Elea to Metaponto,
sophistical and golden, baffling and sly,
it drinks the holy oil in churches, goes hooded
in houses, dresses as a monk in caves, grows
with the grass on the outskirts of old crumbling villages.

The sun slanting on laurel, the good
bighorned sun, tongue of sweet light,
sun greedy for children, here in the piazzas!
It trudges like an ox, and on the grass
and stones it leaves enormous stains
swarming with ghosts.

Land of huge mamas, of fathers dark
and radiant as skeletons, overrun by roosters
and dogs, woods and limestone, lean
land where the grain toils miserably
(*wheat, corn, semolina*)
and the wine is dark and chewy (mint
from the Agri, basil from the Basento!)
and olives taste of oblivion,
flavor of sorrow.

43

In un'aria vulcanica, fortemente accensibile,
gli alberi respirano con un palpito inconsueto;
le querce ingrossano i ceppi con la sostanza del cielo.
Cumuli di macerie restano intatti per secoli:
nessuno rivolta una pietra per non inorridire.
Sotto ogni pietra, dico, ha l'inferno il suo ombelico.
Solo un ragazzo può sporgersi agli orli
dell'abisso per cogliere il nettare
tra i cespi brulicanti di zanzare
e di tarantole.

Io tornerò vivo sotto le tue piogge rosse
tornerò senza colpe a battere il tamburo,
a legare il mulo alla porta,
a raccogliere lumache negli orti.
Vedrò fumare le stoppie, le sterpaie,
le fosse, udrò il merlo cantare
sotto i letti, udrò la gatta
cantare sui sepolcri?

In volcanic tinderbox air
the trees weirdly throb and breathe,
oak trunks fatten with the essence of heaven.
Heaps of rubble lie untouched for centuries:
nobody dares turn over a stone, afraid of the horror.
I know hell's navel lies under every stone.
Only a boy can lean over the edge
of the abyss and scoop nectar
from shoot-clusters swarming with mosquitos
and tarantulas.

I'll come back, alive, under your red rain,
I'll come back, guiltless, to beat the drum,
to tie my mule to the gate,
to catch snails in the garden.
Will I see the smoking stubble, the brushwood,
the ditches? Will I hear the blackbird singing
under the beds, and the cat
singing on the graves?

Elegia romana

Ecco l'agro, il verde stento, il fiume
che ha preso il colore dei cocci.
Da anni io non guardo che lapidi
sui lembi delle facciate e delle grotte:
scritte nel vano bianco
dalla mano di un angelo calligrafo
ricordo le belle maiuscole, le eterne
parole, e un solo nome, Prisca
che dorme giovinetta con le Muse.

Accatastati sui muri di una chiesa
davanti alla Fontana di Trevi
(il Tempo ha le zampe di gatto,
ha i denti dei gatti romani)
chi ha deposto i cuori dei Pontefici?
Santa Teresa ha il manto che trasuda
quando a settembre lo scirocco
risale dalla costa africana
e dà un timbro diverso alle campane.
La città ruota come una meteora
alla luce del tramonto: i tarli
crepitano nei soffitti delle dimore
dei vescovi, scendono dai muri
delle case d'affitto gli scarafaggi.
Michelangelo tra queste macerie
cercava la testa bianca di Apollo.

Chi conosce le tue estati, Roma,
sa di aver toccato la luce
fino all'osso, ricorda i capestri,
i catafalchi, le camere di tortura,
l'odore di strame che colpisce
il pellegrino alle tue porte.
Tra questi quartieri io fui

Roman Elegy

The surrounding plain, the scrub-trees,
the river colored like earthen pots . . .
For years I've seen only stone tablets
bordering grottos and marble facades:
I remember the beautiful big letters
written on the white blank
by an angelic calligrapher's hand:
eternal words, and one name, Prisca,
a young girl asleep with the Muses.

Who has stacked the hearts of pontiffs
on the church walls (Time's
cat-claws, Time with the teeth
of Roman cats) facing
the Trevi fountain?
Saint Theresa's mantle sweats
when the September sirocco
rises off the African coast
and troubles the tone of churchbells.
The city wheels like a meteor
in the sundown light: woodworms
gnaw in attics above the heads
of bishops, cockroaches crawl
down apartment walls.
Among these ruins Michelangelo
sought Apollo's white head.

Anyone who knows your summers, Rome,
knows he has touched light deep
in his bones, he remembers the ropes,
the catafalques, the torture chambers,
the smell of hay that strikes
the pilgrim at your gates.
As a boy in these neighborhoods

ragazzo pieno di sonno e di appetito.
Fui un giovane letargico
che si nascose a leggere nei tuoi giardini
in compagnia delle statue.
Cercai le funebri siepi del Celio
per pascare il mio tedio
di mussulmano avido di odori.
Chi avrebbe potuto battezzarmi
alla tua fede, frustare i miei panni,
quale Vergine poteva carezzarmi i capelli,
quale Benedetto, quale Pio
avrebbe accettato il dono dei galli
ch'io portai nel paniere?

Ho ignorato per anni le tue cattedrali.
Mi ricordo una sera
che vidi spaccare in Via Baccina
un agnello sul tagliere.
Oggi cammino più lesto sui tuoi ponti
in compagnia di Raffaello.
So quando fioriscono al Pincio
le mimose, quando gelano i carrubi,
conosco la forma delle tue rose,
delle tue nubi. Ho visto i cavalli
scintillanti guardare il cielo
sui terrazzi, i santi sui parapetti,
le donne dai petti mostruosi, le rondini,
i ragazzi sulle rive dell'Aniene.
Conosco il bene di tanta bellezza.
Sono questi i mirti
che scrollano polvere se li tocco,
sono queste le pietre della giovinezza.

I was always sleepy and hungry.
I was a languid young man
hiding and reading in your gardens,
keeping the statues company.
I sought out Celia's gloomy hedgerows
to graze my moslem boredom
greedy for smells.
Who could have baptized me
into your faith, who whip my clothes,
what Virgin fondle my hair,
what Benedict or Pius
accept the gift of roosters
that I brought in my basket?

I've ignored your cathedrals for years.
I remember one night
on Via Baccini I saw a lamb
split on a chopping block.
Today I walk more quickly across your bridges,
Raphael by my side.
I know when the mimosas on the Pincio
bloom, when the locusts freeze,
I know the shapes of your roses
and clouds. I've seen the gleaming
horses gazing at the sky
from terraces, saints on parapets,
women with monstrous bosoms, swallows,
children on the Aniene's banks.
I know the grace all this beauty brings.
These are the myrtles
that puff powder at my touch,
these are the stones of youth.

Epigrafe

Quando partisti, come è nostra usanza,
inzepparono la cassa dei tuoi piccoli oggetti cari.
Ti misero l'ombrellino da sole
perché andavi in un torrido regno
e ti vestirono di bianco.
Eri ancora una bambina,
una bambina difficile a crescere.
Pure fosti accolta con rassegnata dolcezza,
custodita e portata alla luce
come matura la spiga in un campo esausto.
Io ricordo, sorella, il tuo pigolìo
quando ti chiudevi a piangere sulla loggia
perché volevi andare sul tetto a stare.
Eri felice soltanto se potevi sollevarti un poco da terra.

Ti misero nella cassa gli oggetti più cari,
perfino una monetina d'oro nella mano
da dare al barcaiolo che ti avrebbe accompagnata
all'altra riva. Noi restammo di qua
nella grande casa che tu sapevi rivoltare come un sacco.
Per un po' di giorni nessuno ebbe voglia di riassettarla.
Ci raccogliemmo intorno al camino
pensando al tuo grande viaggio,
alla tristezza di mandarti sola in un paese sconosciuto.
La nonna stava ad aspettarci da anni.
Da anni nessuno di noi era stato chiamato.
Nell'immensa plaga, in quella lunga quarantena
come avete fatto a riconoscervi?

Ti avevamo messo dentro la cassa gli oggetti più cari,
il tuo ombrellino, il tuo pettine, un piccolo mazzo di fiori.
Mia madre ti seguiva ad ogni tappa, dalla casa
alla chiesa, dalla chiesa al cimitero.

Epigraph

When you left, they followed custom
and stuffed the casket with your precious little things.
They put in your parasol
because you were on your way to a tropical kingdom
and they dressed you in white.
You were still a child,
a girl, and you weren't easy to bring up.
But you were accepted with gentle resignation,
nurtured and brought forth into the light
like corn ripening in an exhausted field.
I remember, sister, how you grumbled and whined
when you locked yourself on the balcony to cry,
because you wanted to go sit on the roof.
You were happy only when you could raise yourself
a step or two above the earth.

They put your most precious things in the casket,
and a gold coin in your hand
to give to the boatman who would ferry you
to the far shore. We remained on this side,
in the big house you turned inside out like a bag.
The first few days, nobody felt like putting it back
in order again. We gathered around the fireplace
thinking about your great voyage, grieved
to send you all alone to an unknown country.
Grandmother had been waiting there for years.
None of us had been called for years.
How did you ever recognize each other
in that enormous territory, that long quarantine?

We put your most precious things in the casket,
your parasol, your comb, a little bunch of flowers.
Mother followed you every step of the way,
from house to church, from church to cemetery.

Dava ricetto nella sua stanza ad ogni farfalla,
e tenne per lungo tempo la casa aperta
nella speranza che tu potessi tornare.

Un giorno una donna venne a bussare alla porta,
a dirci che ti aveva sognata.
La donna aveva una bimba malata, una tua compagna,
e tu l'avevi visitata.
Parlasti in sogno a quella donna, chiedesti qualcosa
che ella non sapeva: perché non sentiva in sogno
e tu parlavi e pareva che chiedessi una cosa
che nella confusione del distacco era stata dimenticata.
Mia madre rovistò tra le tue carte,
stette a lungo a cercare i tuoi quaderni a uno a uno.
Guardammo per l'ultima volta
la tua scrittura tenera, il suo esile nome
scritto dalla tua piccola mano.
Furono legati con un nastro bianco i tuoi quaderni
che avevamo dimenticati. La bambina te li avrebbe portati.
Aggiustammo i tuoi quaderni nella cassa
della compagna che tu avevi prediletta.
Anch'essa venne vestita di bianco
nel torrido regno da cui nessuno è mai tornato.

She hosted butterflies in her room
and kept the house open for a long time
in the hope you might return.

One day a woman came and knocked on the door
to tell us she'd had a dream of you.
The woman had a sick daughter, a friend of yours,
and you had visited her.
In the dream you spoke to the woman and asked her for
    something
she knew nothing about, because in the dream
    she couldn't hear you
but you kept talking, you seemed to be asking for something
you'd left behind in all the final confusion.
Mother rummaged through your papers,
spent hours leafing through your notebooks one by one.
For the last time we looked
at your girlish handwriting, the faint name
written by your small hand.
We tied with a white ribbon your notebooks
which we'd forgotten. The girl would bring them to you.
We put the books in the casket
of the friend you'd liked the most.
She too came dressed in white
to that torrid world from which no one has ever returned.

16 Settembre 1943

Mia madre diceva il 16 settembre,
poco prima di morire sulla mezzanotte,
che una pulce la pungeva sulla schiena
una pulce pesante come un cavallo.
Una zampa oscura la premeva sul letto.
Mia madre doveva sudare per resistere,
e spirare bocconi, senza aver trovato la forza
di dire una preghiera.

Sono tornati i fiori sulla loggia,
più nessuno li ha innaffiati.
Hanno rimesso i ferri ai puledri
e i giorni si sono consumati.
La brutta bestia miagola ancora
tra le crepe della vecchia casa.

Una sera del mese di agosto
noi stavamo sul terrazzo
a guardare in cielo l'immenso vespaio.
Il vento di agosto che distoglie la pula
dal grano e dà l'ebbrezza ai trebbiatori
incappucciati sulle aie,
e fa splendere le pale sulla paglia,
schiariva ai nostri occhi la speranza
di una pace sudata. Mio padre
si addormentò sulla sedia
al soffio di quell'aria serena.
Mia madre parlò a me che fumavo:
"L'acqua torbida" disse "scorre avanti
all'acqua sincera, il fiume
trascina la verità."

Nasce ogni sera dalla crepe dei muri
il canto della bestia che non si è addomesticata.

September 16, 1943

Moments before she died at midnight
on September 16, my mother said
a flea was biting her back,
a flea heavy as a horse.
A dark hoof pressed her on the bed.
She sweated and tried to fight it,
gasping, face down, too weak
to say a prayer.

The flowers on the porch have bloomed
though nobody's watered them.
The colts have been reshod,
the days have burnt away.
The ugly cat still mews
in the cracks of the old house.

One night in August
we were out on the terrace
watching the huge wasp nest in the sky.
The August wind that whisks the chaff
from wheat and dizzies the hooded
threshers on the threshing floor
and polishes the blades on the straw,
blew before our eyes the hope
of a hard-earned peace. My father
fell asleep on a chair
in that soft rustling air.
Mother spoke to me while I smoked:
Foul water always runs
before clear, she said.
The river brings truth.

Each night from the cracks in the walls
comes the song of some unhoused beast.

Gufo o donnola, civetta o faina,
mezzo mammifero, mezzo uccello,
stermina le galline, lacera le lenzuola nelle casse.
Non è gatto, non è gallo, è demone
che si nasconde nei solai,
che vuole il fumo la penombra i calcinacci,
e ha ribrezzo delle foglie;
animale legato alle pieghe dei panni,
all'odore dei morti.

Mio padre siede a mattutino
sulla pietra del focolare.
La gente va e viene con le bottiglie
nascoste negli scialli a cercare aceto
per combattere l'afta.
Le donne parlano dei porci
alle vicine, dei porci puliti come cani
e allevati sotto i letti.
Epidemie di buoi di pecore di galline.
Sono i segni della fine?
Li enumerano le donne
che si sono sedute sulle fascine
attorno al fuoco a commemorare mia madre.

Barn owl, weasel, screech owl, stone marten,
half mammal, half bird,
killing the hens, tearing sheets stored in chests.
Not a cat, not a rooster, but some demon
hiding in the lofts
wanting smoke, shadow, plaster peelings,
but horrified of leaves:
beast bound to the folds in clothes,
to the smell of the dead.

Early in the morning my father
sits on the hearthstone.
People come and go with bottles
wrapped in shawls, asking for vinegar
to cure thrush.
The women talk to one another
about pigs, pigs clean as dogs,
living under their beds.
Epidemics among cows, sheep, chickens.
Signs that the end is near?
The women list them one by one
while they squat on bundled twigs
around the fire, remembering my mother.

Tre poesie d'amore

1.

Chi ama non riconosce, non ricorda,
trova oscuro ogni pensiero,
è straniero a ogni evento.
Mi sono accorto più tardi
di tutti gli anni che l'aria
sul colle è già più leggera,
l'erba è tiepida di fermenti.
Dovevo arrivare così tardi
a non sentire più spaventi,
pestare aride stoppie, raspare
secche murate, coprire la noia
come uno specchio col fiato.
Sono un uccello prigioniero
in una gabbia d'oro. La selva
variopinta è senza colore per me.
L'anima s'è trovata la sua stanza
intorno a te.

2.

Ci piace l'aria sfatta
la derelitta quiete sulla plaga
il volo basso degli uccelli migranti
tra cespi di alghe, lacere
spoglie di velieri.
        Oltre il labile
vespero qui sostano gli amanti pellegrini,
dove ogni sera una fioca
speranza li trascina di là
dai ponti a una riva di acquitrini,
passeggeri sospinti senza requie
sulle arene impassibili.

Three Love Poems

1.

We love so don't see, don't remember.
Our every thought is darkness;
every event, a stranger.
After all these years
I've finally noticed
that the hilltop air is thinner,
the grass is warm with yeasts.
I had to wait this long
to stop feeling afraid,
treading parched stubble, scraping
dry walls, veiling boredom
like a mirror veiled by breath.
I'm a captive bird
in a golden cage. The many-colored
forest is colorless to me.
My soul has found its room
where you are.

2.

We love the melting air
the desolate stillness on the land
the low flight of migrating birds
through clumps of seaweed, shaggy
sailboat skins.
　　　　Landfaring lovers
pause here beyond the fading sundown
where each evening a faint
hope drags them down
from bridges to the marshy shore,
travelers driven restlessly
on the broad impassive sands.

3.

Si fatica per anni
a sciogliere i nodi,
a dare un'immagine
favolosa a una ciocca
illeggibile di segni perduti.

3.

Years spent laboring
to untie the knots,
to give a fabled
image to an illegible
cluster of lost signs.

Crepuscolo di febbraio a Monte P.

Poiché il poeta non conosceva gli agi
dei divani, si compiacque a immaginare
quanti colombi erano state spennati
per gonfiare tutti quei cuscini.
"A casa mia" disse "dormono
sui materassi pieni di frasche di granturco.
Così ci abituammo a muoverci il meno
possibile, una volta distesi nel letto."
S'era sdraiato con le gambe sul sofà,
e la testa sul grembo dell'amica.
"Mi piace" ella disse "guardarti così,
come dall'alto di un ponte si guarda un fiume
nel senso della corrente. Sei più buono"
disse "anche i tuoi occhi obliqui, i tuoi
capelli prendono un verso naturale."
Era una dolce sera di febbraio
e da quella stanza così alta
si sentiva garrire tutta la città.
Il vento trovava le strade deserte
nelle ore del coprifuoco. Egli udiva
rintronare i tonfi delle mine
con l'orecchio premuto sul ventre dell'amata.
"In questo quartiere" disse "quand'era
spoglio di case, quando i pini
non erano stati tagliati per far posto
alle mimose—saranno trascorsi dieci anni
e più—io passavo al galoppo di ritorno
da Tor di Quinto. Forse scesi da cavallo,
un giorno, per cogliere una rosa da una siepe
qui sotto, dove poi è stata costruita la tua casa.
Un mio amico deve abitare da queste parti,
un amico che non ho incontrato mai più."
Ma si erano aperti i cuori e gli anemoni

62

February Twilight in Monte P.

Because the poet wasn't used to the comfort
of couches, he took his pleasure imagining
how many doves they had to pluck
to stuff so many cushions.
"In my house," he said, "they sleep
on mattresses stuffed with corn shucks.
That way we got used to moving as little
as possible once we went to bed."
He lay sprawling, legs up on the sofa,
his head in his lady's lap.
"I enjoy looking at you this way," she said,
"it's like looking at a river from a bridge
and seeing the current. You're nicer,
even your slanting eyes, and your
hair flows so naturally."
It was a sweet February night
and in that room high up
you could hear the whole city twittering.
During curfew hours the wind
found the streets deserted. He heard
the land-mines booming and thumping,
his ear pressed to his lover's belly.
"In this neighborhood," he said, "before
there were any houses, before the pines
were cut down to make room
for the mimosas—that would be ten years ago
or more—I used to gallop back
from Tor di Quinto. Maybe one day I climbed
from my horse, down below, to pick a rose
from a bush, before your house was built.
A friend of mine must still be living hereabouts,
a friend I haven't seen since those days."
But they'd opened their hearts to each other and

avevano rivoltato i cappucci: i pistilli
cadevano in terra come pidocchi.
"È doloroso pensare a tutti gli anni perduti
senza conoscerci, pensare che il meglio di noi
va sempre sciupato." E la donna
affondava le bianche dita tra i grossi
capelli dell'uomo. "Odorano come i fiori
al crepuscolo" ripeteva una frase
che aveva letta in un libro.
Egli era arrivato lassù in cima al colle
sprovvisto di tutto: una logora borsa
con un pettine, una spazzola, una camicia militare,
in una casa tanto diversa dalle vecchie
dimore che amava, zeppe di sedie
di fumo di stracci. Sul pianoforte
giacevano ravvolte nella garza
due orchidee e due piume rosse.
Lo faceva sorridere quella raffinatezza.
La donna parlava dei suoi passati amori,
tornavano cari nomi di città
nelle sue parole, Gaeta, Pisa, Salsomaggiore.
Erano storie di amori infelici,
quelli che fanno scrivere le lettere più belle.
Ma non riuscivano a inquietarlo;
sapeva tanto poco di sé, si sentiva
come sorpreso fuori giuoco. "Meglio
guardare le carte degli altri" pensò.
Ma poco più tardi, appena la radio
attaccò una tenera arietta e l'ultimo fiotto di luce
riversò nella stanza la febbre delle tristi
ore, egli ebbe un ritorno improvviso di lucidità:
"Io non riesco a rendere felici le persone che amo."
Poi uno accanto all'altra
si prefissero di tacere i più cari nomi
almeno per quella sera. Il corteo
fu lasciato dietro le porte e la donna

the anemones had pulled down their hoods: pistils
were dropping to earth like lice.
"It's sad to think of all the years we lost
before we knew each other, to think that the best in us
is always wasted." And the woman
buried her white fingers in the man's
thick hair: "Smells like flowers
at twilight," repeating a phrase
she'd read in a book.
He had arrived there, at the top of the hill,
with practically nothing—a tattered bag
containing a comb, a brush, an army shirt—
and her place was so unlike the old
houses he loved, filled with smoke,
wooden chairs, rags. On the piano
lay two orchids and two red plumes
wrapped in gauze. That touch
of elegance made him smile.
The woman spoke of past loves,
bringing back cherished names
of towns—Gaeta, Pisa, Salsomaggiore.
They were tales of unhappy love, the kind
that inspire the loveliest letters.
But they didn't upset him,
he knew so little about himself, he felt
surprised, caught off guard. "Better
to read what others write," he thought.
But a little later, just as the radio
began a tender aria and the last flood of light
poured back into the room the fever of those sad
hours, he felt suddenly lucid again.
"I can't give happiness to those I love."
Then, sitting side by side, they agreed
not to speak the names that meant the most,
at least not that night. They left
the lists outside the room and the woman

si alzò a girare automaticamente tutte le chiavi.
"Si ha sempre paura di aver esaurito
tutte le proprie ricchezze, si teme
di non avere più fiato per vivere
appena il giorno si allunga un poco di più."
Nell'aria bianca della stanza furono accese
le lampade. La muta cavità dell'aria
si ruppe, poco distante dai loro occhi,
e, come da un buco d'aria, come
da una serratura misteriosa che si fosse aperta
in uno specchio, apparve crepitante
un piccolo grumo che non riusciva
a contenere la sua forma, simile
a un groviglio di capelli. Con furia
vertiginosa risalí a picco l'invisibile
lastra: "Un ragno! un ragno ha teso
un filo di bava nel crepuscolo!".
Lo guardarono lungamente: "Sembra
uno scalatore che ingoia la sua corda astrusa!".
Il ragno raggiunse il soffitto. Cominciò
a scivolare ancora nel vuoto e pareva
più cauto. "Scendere è più rovinoso,
basta una scossa a farci precipitare."
Stava rigido e immobile davanti agli occhi.
Aveva la testa nera e il corpo trasparente.
"È un idolo, un re che si diverte."
"Un piccolo mostro che ci porterà fortuna."

got up and automatically turned all the keys.
"We're always afraid we've used up
all our wealth, we're afraid of having
too little breath to go on living
as soon as the day gets a little longer."
In the white air of the room, the lamps
were lit. The silent hollow of air
broke close to where they were sitting
and, as if from a hole of air
or a magical lock that had sprung open
in a mirror, a small clot appeared
and burst, unable to contain
its own shape, like a wayward
tangle of hair. In a dizzy
fury the invisible line climbed
straight up. "A spider! A spider,
spinning a thread in the twilight!"
They watched him for a long time. "He's like
a rock-climber swallowing a magical rope."
The spider reached the ceiling, then began
to slide back down, through the emptiness, seeming
more cautious. "Coming down is more dangerous,
the slightest shock and he'll drop."
He hung stiff and motionless before their eyes.
His head was black, his body transparent.
"He's an idol, a king amusing himself."
"A little monster who'll bring us good luck."

Paese

Noi percorremmo tutto il paese nell'ora
che tornano gli asini col carico di legna
dalle cime profumate della Serra.
Raspavano le orecchie pelose contro le grezze
muraglie delle case, e tinniva, attaccata al collo,
la campanella della capretta che il vecchio
trascina al buio come un cane. Qualcuno
ci disse buona notte seduto davanti alla porta.
Le strade sono così strette e gli arredi
stanno così addossati alle soglie che noi
sentimmo friggere, al nascere della luna,
i peperoni calati nell'olio.

Tu eri molto colpita dal colore delle montagne.
"Forse sono state sotto il mare per millenni."
"Quaggiù anche i sassi sembrano vizzi,
anche le foglie hanno qualcosa di frusto."
Uscivano dagli usci le donne coi tizzi accesi.
"Nei nostri paesi il sole cade a precipizio,
la notte è già nei rintocchi della campana di mezzogiorno."
I cavalli tossivano di ritorno dall'abbeverata,
i cani s'infilavano tra le porte:
noi eravamo soli a pestare la cenere dell'aria.
"Pare che tutta la gente a quest'ora
torni a dormire sottoterra e poi risusciti
ogni giorno alla vita." La strada era senza
rumori, come di cenci, scolorita.
Da una casa serrata il caprone della tribù
starnutiva dentro il letto di Margherita.

"Entriamo in casa dei nonni dove mia zia
e mio zio hanno sempre una buona cosa
conservata per me." Ci sediamo in cucina e guardiamo

Village

We walked all around the village
while the donkeys were coming back loaded with wood
from the sweet-smelling heights of the Serra,
scraping their hairy ears against the rough
walls of the houses. A bell tinkled on the neck
of a kid-goat, led by an old man
through the darkness like a dog. Someone
sitting in front of a door said goodnight.
The streets are so narrow and furniture
crowded so close to the doorways
that when the moon rose we could smell peppers
sizzling in pools of oil.

The color of the mountains excited you.
"Maybe they've been under water for thousands of years."
"Down here even the stones look withered,
even the leaves look a little tattered."
Women walked from houses with burning brands.
"In our villages the sun sinks fast,
night begins when the noon bells ring."
Horses returning from the watering troughs
snorted, dogs prowled the doorways.
We were alone, treading the airborne ashes.
"It's as if everybody goes underground
to sleep then comes back to life
each morning." The street was quiet,
wrapped in rags, colorless.
In one locked house the tribe's billygoat
sneezed in Margherita's bed.

"Let's go visit the old folks. My aunt
and uncle always keep something good set aside
for me." We sit in the kitchen and see

l'incantevole famiglia delle chiavi appese al muro:
la piccola chiave dell'orto, la chiave gigantesca
della cantina che ha più di cent'anni. "Mio nonno
sapeva col fischio delle chiavi quietare
il pianto dei nipoti." Ecco la chiave argentea
della conigliera, e le lucerne, i lumi, i lucignoli.
Ingranditi sui muri guardo i profili
dei miei parenti e le immense ombre
delle mosche che strisciano come topi sulle pareti.
"Cosima Diesbach, mia nonna, aveva girato il mondo."
"I miei avi hanno forse conosciuto l'Atlantide."

Domenico passa di sera a chiudere le chiese,
a sprangare il cancello dei morti.
"Raccontavano a noi ragazzi
ch'egli parlava con la civetta, sui tetti, lassù.
Ha le orecchie mangiate, il campanaro,
ha il sonno duro. Per vestire i defunti
(non c'è nessuno più abile di lui)
bisognava chiamarlo lunghe ore
nel cuore della notte e fischiare forte
nelle chiavi." Domenico è lì che strofina
uno zolfanello ai pantaloni, fuma la pipa
assorto sulla ripa del valico
dove una lontana sera vidi poggiare
la bara del Cristo morto, alla ringhiera.

Giù nella valle Crescenzio aizza la mula
zoppa. "Io ho buttato le redini sulla groppa."

the magical family of keys hanging on the wall:
the small garden key, the gigantic cellar key
over a hundred years old. "My grandfather
used to quiet all the screaming kids
by whistling through the keys." Here's the silvery key
to the rabbit hutch, and the oil lamps, lanterns, wicks.
I watch my family profiled,
magnified on the walls, and the enormous
shadows of flies creeping like mice.
"My grandmother, Cosima Diesbach, sailed around the world."
"*My* ancestors probably saw Atlantis."

At night Domenico comes to lock the churches
and bolt the gates of the dead.
"They used to tell us kids
that he talked to the owl, on the rooftops, up there.
The bellman is stone deaf
and sleeps hard. To lay out the dead
(he's better at it than anyone)
you had to call for hours
in the middle of the night and whistle loudly
through the keys." Domenico stands there,
strikes a match on his trousers, smokes his pipe,
engrossed on the edge of the deep ravine
where one night long ago I saw them set down
the casket of the dead Christ, by the railing.

Down in the valley Crescenzio goads his lame
mule. "I take things as they come."

Le lunghe sere

Le lunghe sere, la brace che il padre
attinse e il fumo amaro della pipa
bruciava gli occhi, purgava la stizza
nella gola, e le storie e la canizza
degli avi allineati sulla ripa
dell'Agri, duri, con le teste quadre.
Chi bussava alle imposte? Erano i musi
dei cavalli, erano i nonni dentro i sacchi
d'incerata. (La neve sotto i tacchi,
la notte, i tonfi dei portoni chiusi.)

On Long Evenings

On long evenings, the coals father drew
and the acrid smoke from his pipe
burned our eyes, purged the tic of anger
in our throats, and the tales and the hooting
of our tough ancestors, their square heads
ranked on the shore of the Agri.
Who was knocking on the shutters? Horses
nosing in, our grandfathers inside oilcloth
sacks. (The snow under our heels,
the night, the thump of closing doors.)

Avremmo visto rifiorire

Avremmo visto rifiorire gli occhi
delle fave quassù, aprirsi il grano
e, supini, lo zigzag delle lucciole sul fieno.
I nostri treni silenziosi
non camminano più tra i pioppi
dove per caso li scorgemmo una sera:
piegava il vento gli steli dei cardi,
un pennacchio di fumo si scioglieva
dentro i tuoi sguardi.
Le anime nostre furono leste a partire,
e le dita si affaticano
come fossero attaccate le ossa.
Noi fummo legati per i capelli,
piedi e mani, pianto e fiato,
ci stringemmo coi denti alla vita.
Dove vanno ora i tuoi pensieri? Chi abbracci?
Chi scioglierà la tua cinghia, amore?
Spezzi con l'unghia i rossi cappucci
dei papaveri, poi stringi
il piccolo seno nei lacci.

We Would Have Seen

We would have seen the eyes
of broadbeans blooming, the wheat opening
and, flat on our backs, the fireflies
zigzagging on the hay.
Our silent trains no longer
race through the poplars
where we glimpsed them by chance one night:
the wind was bending the thistle stems,
a plume of smoke was dissolving
in your gaze.
Our hearts were quick to leave,
and our fingers toiled
as if the bones had knit.
We were tied together by hair,
feet and hands, cry and breath,
clinging to life with our teeth.
What are you thinking now? Who is in your arms?
Who will loosen your belt, my love?
You split with your nail the red hoods
of poppies, then squeeze
your small breasts into their stays.

II
1947-1962

Coroncina

Alla bianca alba di questi idi
chi ti ha scosso dal sonno,
chi ti ha chiamato sul ciglio
dell'ombroso mattino?
I tonfi di un tappeto o i gridi
del fornaretto?

Eri un poco più cieca ogni sera
seduta lassù sulla loggia
come la piccola dea di sale
Persefone dalla fronte severa.

L'effluvio degli embrici, le viole
cupe sulle tue case, il capino
del ramarro dietro l'innaffiatoio.

Risaliranno i fanciulli
la collina a primavera,
scriveranno i nomi gentili,
lasceranno inciso il loro cuore
sui calcinacci.

Si patisce anche l'urto delle rose
che il vento salernitano
piega sul nostro petto:
siamo i soli a non biasimarne
la brevità della stretta.

Garland

Who shakes you awake
in these white dawns of March?
Who calls you on the brink
of this shadowy morning?
A carpet thumped or the young baker
shouting?

Each night you became a little blinder
sitting up there on your balcony
like the little salt goddess,
Persephone of the wrinkled brow.

The smell of flat rooftiles, the sullen
violets on your rooftops, the tiny head
of a lizard behind the watering can.

In spring the children
will climb the hill again,
write their delicate names
and leave their hearts carved
on the rubble.

We even endure the roses
pushed and bent against our hearts
by the wind blowing from Salerno.
We alone will not blame the wind
for that brief embrace.

Quell'ombra coglie il fiore
della prugna sul precipizio
e il piede non fa danno!

Mi gira intorno da Oriente
a Occidente il mio fiume
tumultuoso. Corre il leprotto
tra i giunchi e i flabelli dei tòtari
che si spappolano scintillanti.
È così lungo il crepuscolo
sulle tue rive, tra i sassi bianchi
e viola, che i vecchi ortolani
caduto il sole dimenticano
di ritornare.

Rivolterò le dolci pietre e tu
scherzosa mi sfuggirai
tarantola lycosa.

That shadow grabs the plum
blossom high on the cliff
where no foot can harm it!

My furious river rushes past
East to West. The young hare sprints
through the reeds and foxtail tufts
smeared and shimmering.
Twilight lasts so long
along your shores among the white
and purple stones, that once the sun
goes down the old groundkeepers forget
to come back.

I'll turn over the smooth stones
and you'll scamper away,
lycosa tarantula.

Invito

(L'innamorato suggerisce alla ragazza un pretesto per uscir di casa senza destare sospetti. Bisogna sapere che tra un uscio e l'altro, nelle nostre tribù, si operano degli scambi reciproci di cortesie. Si presta il lievito, si presta il fuoco, si presta l'acqua.)

Esci con la paletta
ora che scuro è il giorno,
chiedi cenere e brace
alla porta del forno.
Se il fuoco ti si spegne
dài la colpa alla legna.
Se la gonna ti brucia
dài la colpa alla lucciola.

Invitation

(A young girl's lover suggests how she might leave her house
without arousing suspicion. It's important to know that among
our people goods are exchanged as a courtesy from door to
door, neighbor to neighbor. We lend one another yeast, fire,
water.)

When the day gets dark
take the shovel and go.
Ask for embers and ashes
at the baker's door.
If the fire dies on you,
blame the wood.
If your skirt burns,
blame the firefly.

La vigna vecchia

Mi sono seduto per terra
accanto al pagliaio della vigna vecchia.
I fanciulli strappano le noci
dai rami, le schiacciano tra due pietre.
Io mi concio le mani di acido verde,
mi godo l'aria dal fondo degli alberi.

The Old Vineyard

I've been sitting on the ground
beside the haystack in the old vineyard.
Children pull nuts from the branches
and crush them between two stones.
My hands are messy with green slime.
I savor the air coming from the heart of the trees.

Visita agli etruschi

Non vollero rose sulle mense
ma pasti sanguigni
e intorno giuochi per adulti.
Ripararono il loro inferno
dal sole e dal vento salato,
vi si tapparono come dentro un pollaio.
Nella fossa di tufo,
stretta camera d'amore,
scintillano gli occhi furbi
lo scettro vermiglio
e i glutei del manfiorita.

Visiting the Etruscans

They didn't want roses on their tables
but blood meals
and adult games all around.
They sheltered their underworld
from the sun and salt wind,
cooping themselves up like hens.
Gleaming in the tufa pit,
in the narrow love-room,
the cunning eyes, the buttocks
and vermilion sceptre
of the man with the flowering hand.

*(Nella nostra mitologia, Eva non vive
nell'Eden, vive in una colombaia.)*

Salirò sulla torre
per trovare il tuo nido.
Scosterò il sasso che ti nasconde.
Aprirò le tue ali.
E sulle piume virginali
cadrò col peso di una tomba.

*(In our myths Eve lives not in Eden
but in a dovecote.)*

I'll climb the tower
and find your nest.
I'll push aside the stone that hides you.
I'll spread your wings.
And on those virgin feathers
I'll fall with the weight of a tomb.

La civetta della neve

Vengono anch'essi a scaldarsi
accanto al camino i vecchi Dei.
Viene intirizzita a chiederci asilo
la civetta della neve.

The Snow Owl

Even the old gods come
to warm themselves by the fire.
Numb and asking us for shelter,
the snow owl comes.

Lo scorpione

Come certi segni che sbucano
dai muri e dai soffitti
alla vigilia di gravi fatti,
come il lagno premonitore
di una tavola o di una trave,
la stella forcuta splende
a volte sul mio cammino.

The Scorpion

Like certain signs that bump
from walls and ceilings
just before momentous events,
or like the warning groan
of a table or rafter,
the forked star sometimes
shines on my going.

Camera di ragazzo

Mi ricordo ancora
quello che scrissi
alla pigra passiflora
quando il cuore tremava
al lamento notturno degli infissi.
Lungo l'inverno intero
coi piedi sulla brace
e la testa di ghiaccio.
Più pesante di fuori
era la neve io dentro
spegnevo le candele
e coi tizzi lucenti
stavo solo a far niente.

Boy's Room

I still remember
what I wrote
to the torpid passionflower
when the shutters groaning at night
made my heart tremble.
The winter long and unrelieved
with my feet by the coals
and a head of ice.
The snow outside
fell faster while inside
I snuffed the candles
and with the glowing brands
stood there idly alone.

Voce del cacciatore

Io aspetto che tu passi
all'incrocio dei vecchi sentieri.
Dormi dietro i sassi
e all'alba vieni a bere.
L'acqua è pura come il cielo
che raccoglie. Sopra le foglie
tu lasci un segno:
su quella striscia devi cadere.

Voice of the Hunter

I wait for you to pass
where the old trails cross.
You sleep behind the stones
and at dawn come to drink.
The water's pure as the gathering
sky. On the leaves
you've left a sign:
on that trace you're bound to fall.

Pasqua 1952

Le sere d'aprile sono fredde e tristi
quaggiù nei cameroni di casa mia.
Mio padre si muove appena tra il focolare
e la latrina. Lo portiamo a braccia, lo svestiamo,
gli sciogliamo le scarpe per farlo dormire.

Le pendici del Serino sono ancora bianche di neve.
Ci siamo tappati nelle stanze, a stento
ci arrivano dalla piazza i rintocchi dell'orologio.
Il fumo ci arrossa gli occhi,
è umida di bosco la legna mortacina.

Cristo risorgerà dal sepolcro di iris:
i messaggeri ce l'hanno annunziato
bussando alle imposte.
I piccoli pastori ci portano i primi
asparagi dalle spinete, l'ortolana
scalza è entrata con un cesto di fiori di rape.

Aspettavo da trent'anni una Pasqua
tra i fossi, il muschio sopra i sassi,
le viole tra le tegole. Ma i morti
dormono nelle bare di castagno,
sugli archi delle stalle e dei porcili,
sulle crociere delle cantine e dei pollai.
Fanno fatica ad abbandonare per sempre
le nostre sedie, i nostri letti
dove vissero tanti anni di lenta agonia.

Lungo le strade gli stracci
neri delle vesti sono più silenziosi.
Un gruppo di uomini brucia col ferro
il grumo di veleno nella bocca dell'asino.

Easter 1952

The April evenings are cold and sad
here in the huge rooms of my house.
My father can barely make it from the fireside
to the bathroom. We carry him, undress him,
loosen his shoes so he can sleep.

The Serino slopes are still white with snow.
We're penned in our rooms, the belltower chimes
straggle toward us from the piazza.
Smoke reddens our eyes,
the green wood is still forest-soaked.

Christ will rise from the iris tomb.
Messengers have announced it,
knocking on the shutters.
Little shepherds bring us the first
asparagus from the brambly fields, the barefoot
garden girl is here with a basket of turnip greens.

I waited thirty years for an Easter
in the ditches, moss on the stones,
violets among the rooftiles. But the dead
sleep in chestnut caskets,
on rafters in stables and pigpens,
on roofbeams in cellars and coops.
It's hard for them to abandon forever
our chairs, our beds
where they suffered so many long slow years.

On the streets the black
rags of suits and dresses are more quiet.
A group of men with a hot iron are burning
the poisonous clot in a donkey's mouth.

M'ero messo in viaggio verso una Pasqua
in fiore, incontro al Cristo purpureo
che solleva il coperchio di grano bianco
cresciuto nelle grotte.

Tutto quello che io so non mi giova
a cancellare tutto quello che ho visto.
I fanciulli soffiano sul carbone
perché dal piombo fiorisca
il simulacro della rosa.

Vanno e vengono per casa le visitatrici
a portarci i sarmenti per il fuoco,
le ceste d'uova, le parole di cordoglio.
C'è sempre nelle stanze il ricordo
di un lutto recente o il gemito
di un vecchio malato.
Mio padre ha il sangue greve.
Si duole della sua immobilità.
Lo caricheranno sulle spalle i miei nipoti
e un giorno, un tiepido giorno di là da venire,
lo porteranno alla vigna. Lo porteranno
a mezza costa, sulla sedia
di braccia intrecciate.

Ci è toccata questa valle, questa valle
abbiamo scelta per tornarci a morire.
Dove Gesù risorgerà con molta pena
noi speriamo ardentemente di sopravvivere
nel cuore dei congiunti e dei compagni,
nel ricordo dei vicini di casa e di campo.

Come fischiano le rondini
intorno alla chiesa di San Domenico
semibuia il giovedì delle tenebre!

I'd begun a journey toward an Easter
in flower, to meet the purple Christ
who lifts the lid of white grain
sprouting in the caves.

All I know can never efface
all I've seen.
Children blow on charcoal
to make a mock rose
bloom from black lead.

The women come and go through the house
visiting, bringing us old vines for the fire,
baskets of eggs, words of comfort.
The rooms are always filled with memories,
a recent death or the groans
of someone old and sick.
My father's blood is heavy.
He complains that he can't move.
My nephews will carry him on their shoulders
until, some balmy day not so long from now,
they'll carry him to the vineyard, carry him
halfway up the slope, on that chair
of locked arms.

This valley has touched us, this valley
where we've chosen to come home to die.
While Jesus struggles desperately to rise again,
we burn with hope to survive
in the hearts of friends and kin,
in the memory of neighbors in town and country.

On dark Maundy Thursday, around
the darkening Church of San Domenico
the swallows are whistling!

Autobiografia IV

Era un fantasma saturnino
azzurro e verde mio padre
quando tornava dalle vigne
al tempo dell'insolfatura.
Aveva aperto le viti
a una a una
scostando i tralci e le ruvide foglie.
Un giorno portò un bruco
caduto da un melo,
grosso come un suo dito.
"Gli anni duri sono finiti
per Sinisgalli, i nostri figli
avranno paglia per cento cavalli"
disse una sera a sua moglie
la regina Taitù
prendendola per le due mani,
sola carezza davanti alla tribù.

Autobiography IV

My father was a sullen
bluegreen ghost when he
returned from the vineyards
during the sulfur dusting.
He'd separated the vines
one by one
pulling apart the shoots and bristly leaves.
One day he brought home a grub
big as his finger
that had dropped from an apple tree.
"The hard years are over
for Sinisgalli, our sons will have
hay to feed a hundred horses,"
he said one night to his wife,
Queen Taitù,
holding her with his two hands,
their only embrace before the tribe.

Le rondini se ne vanno via

Le rondini se ne vanno via
appena arrivate. Si agitano
trasecolate in un cielo di calce.
I terrazzi sono deserti,
le finestre ancora sprangate.
La mosca sta muta
intorno a noi
nella cattiva stagione
e nella cattiva sorte.
Sommessamente piange,
punge la mano,
ci carezza la fronte.

As Soon As They Arrive

As soon as they arrive
the swallows fly away again
dazzled and twisting against
a plaster sky.
The balconies are empty,
the windows still bolted.
A fly hovers silently
near us
in these awful days,
this awful destiny.
It whimpers softly,
nips our hands,
nuzzles our forehead.

Scendi dal letto d'inverno

Scendi dal letto d'inverno
quand'è ancora notte.
Aspetti la nascita del giorno.
L'aurora ti stizza un po' di energia.
La vita come la notte è facile a dimenticare:
come il dolore
a cui sembra impossibile resistere
e che pure ci lascia un po' di fiato.
Il sole ti colpisce in fronte
ma non t'invita più a partire.
Ti dice di ritirarti.
Chiudi senza far rumore.
L'oro del sonno l'hai tutto perduto.

In Winter You Climb Out of Bed

In winter you climb out of bed
while it's still dark.
You wait for the day to be born.
Dawn triggers a little energy.
Life, like night, is easy to forget,
like a pain
that seems impossible to endure
yet lets us breathe a little longer.
The sun slaps your forehead
but no longer tempts you to leave.
It tells you to pull back.
You lock up without a sound.
You've completely lost the gold of sleep.

Cividale

Qualche uomo appare
sulle cantonate
improvvisamente cantando.
È mezzogiorno, il paese
è vuoto, sembra buio.
Comincia a bollire la polvere
della piazzetta. Cadono righe
dritte di pioggia.

Cividale

Two or three men suddenly
appear on street-corners
singing. It's noon,
the village is empty,
it looks dark.
In the small piazza the dust
begins to boil. The rain falls
in straight lines.

Ferragosto in villa

Seduto sul letto nel fetido
fumo dell'insetticida
brucia con la sigaretta la lepida
salma di una zanzara.
Fa il rendiconto delle sue magagne,
come in ogni vigilia,
e si trova in difetto.
Poche cose degne di memoria,
l'eccesso di credulità in ogni fandonia,
l'estro prensile e poco tenace,
il disprezzo per l'impegno.
Egli ama chi sogna, chi disegna
opere inconcludenti, chi
copre il suo dolore con la polvere,
chi le lacrime inghiotte.
Sperpera in futili storie
i suoi inchiostri e le carte
in vignette.

August Holiday

Sitting on the bed in the reeking
insecticide fumes
he uses his cigarette to burn a mosquito's
funny corpse.
He adds up all his imperfections,
as in any vigil,
and sees how much he lacks.
Few things worth remembering,
too much credence in wild stories,
prehensile but weak-willed inspiration,
contempt for the task.
He loves dreamers, those whose plans
never work out, who cover
their sorrow in dust and swallow
their tears.
He wastes ink on hopeless tales, paper
on mere vignettes.

Pianto antico

I vecchi hanno il pianto facile.
In pieno meriggio
in un nascondiglio della casa vuota
scoppiano in lacrime seduti.
Li coglie di sorpresa
una disperazione infinita.
Portano alle labbra uno spicchio
secco di pera, la polpa
di un fico cotto sulle tegole.
Anche un sorso d'acqua
può spegnere una crisi
e la visita di una lumachina.

Old Grief

Grief comes easily to old people.
At midday
sitting in a corner of an empty house
they burst into tears.
Infinite despair
catches them by surprise.
They lift a withered slice of pear
to their lips, or the pulp of a fig
baked on the roof tiles.
Even a sip of water
or a visit by a snail
helps to ease a crisis.

Via Velasca

È sempre più improbabile
che qualcuno ti abbracci
e ti chieda pietà del suo dolore.
Le finestre del Verzèe
sono zeppe di stracci.
Tra botteghe e insegne
cerchi un ricordo un odore
una lapide un segno
nella via demolita.
Hai piene le tasche della vita.
Sporco di fumo, esule, a stento
ti pieghi a stringere i lacci.
Hai piene le tasche di vento.

Via Velasca

It's less likely than ever
that someone will clutch at you
and beg pity for his suffering.
The windows of the Verzee
are stuffed with rags.
Among the shops and signs
you look for a memory, odor,
stone, landmark
in the blasted street.
Your pockets are filled with life.
Filthy with smoke, outcast, you slowly
bend over to tie your shoes.
Your pockets are filled with wind.

Sabato Santo a Manfredonia

Di qua non resta più nessuno.
Le anitre scivolano una
dopo l'altra
verso la buia sponda.
Gli amici fondano una città celeste.
Ci lasciano alle finestre
contro il mare bruno
come una montagna.
Messaggeri tra vita e morte
i fanciulli si tuffano
a cogliere vermi sott'acqua
e il vecchio pescatore
aspetta che risorgano
con un ramoscello di sangue
tra le dita.

Holy Saturday in Manfredonia

There's no one here now.
The ducks go gliding one
by one
toward the dark shore.
Our friends are founding a celestial city.
They leave us here by windows
facing the sea, brown
as a mountain.
Couriers between life and death,
the children
dive underwater for worms
and the old fisherman
waits for them to surface
with a twig of blood
in their fingers.

Oleografia

Vedo chino un ragazzo
sul quaderno, si fa
uomo davanti alla finestra,
seduto al tavolo invecchia.
La scarsa scienza che
appena intravvide
fu la sua favola,
i numeri i nessi
i versi che lesse e rilesse.
Alle vigne, alle chiese
un po' d'estasi chiese.
In disparte si chiuse
dietro i quadri e le carte.
Attizzò un fuoco di paglia,
coprì i vetri di fumo, la stanza
di sbadigli.

Oleograph

I see a boy bent
over a notebook, he becomes
a man sitting at a table
by a window, growing old.
The story of his life
fragments of knowledge
barely glimpsed,
numbers, connections,
poems read over and over.
In vineyards and churches
he asked for a little ecstasy.
Privately, he locked himself
inside his notebooks and papers.
He stoked the fire with straw,
covered the windows with smoke,
covered the room with yawning.

La visita

C'è una impercettibile
frana nell'ordine delle cose.
Il cane annusa il frammento
della coda recisa,
il corvo cerca le penne
delle ali sforbiciate.
Dietro l'uscio un bambino
vuole da me sua madre.

The Visit

Something barely visible
is slipping in the order of things.
A dog nuzzles the stump
of his chopped tail,
a crow looks for the feathers
of his clipped wings.
A small boy behind a door
asks me for his mother.

Nella valle non passa più il vento

Nella valle non passa più il vento,
non passano i cani,
i fanciulli volano
con le rondini in mano.
Da un buco s'affaccia
una talpa. Un insetto
raccoglie gli escrementi,
la formica raduna il grano,
l'inverno non è lontano.

The Wind Has Stopped Blowing

The wind has stopped blowing through the valley,
the dogs are gone,
children fly past
with swallows in their hands.
A mole pokes its head
from a hole, an insect
rolls bits of dung,
the ant gathers grain,
winter isn't far.

Le rondini

Le rondini scaricano
la loro luce
sui nostri corpi
in penombra. Siamo noi tre
in una stanza, invisibili,
le braccia perdute, le gambe
sepolte. Noi tre
seminudi davanti al cielo.

The Swallows

The swallows pour
their light
on our bodies
in shadow. Three of us
in a room, invisible,
arms lost, legs
buried. We three half naked
facing the sky.

Il guado

Restano poche frasi,
le più turpi, e il sapore
delle unghie nella bocca.
Resta nella vita quest'afa
che ci soffoca, il tempo
insensato tra due estati.
Il torrente era carico di libellule,
le acque basse e rapide,
un solco tra due regni,
un confine, un segno.
Fu un sogno breve, sonno
di banditi, poi l'inverno, la neve,
la vecchiezza e i colpi alle reni
più fitti.

The Ford

Only a few phrases left,
the filthiest, and the taste
of fingernails in my mouth.
All that's left in life is this sultry
air suffocating us, the senseless time
between two summers.
The river swarmed with dragonflies,
the current low and swift,
a furrow between two kingdoms,
a frontier, a sign.
A short dream, the sleep
of bandits, then winter, snow,
old age, and the lashes striking
faster and faster.

L'artefice

Ieri sera il ragno ha abbandonato il suo trabocchetto, così poco redditizio. Si sarà accorto di noi ed è scomparso, nottetempo, lasciando armi e bagagli. Ma bastano poche ore per costruire una nuova trappola. L'artefice industrioso si porta il materiale nello stomaco. Fabbrica i suoi tranelli cominciando sempre daccapo e sputando angoli sempre eguali e segmenti paralleli.

The Artificer

Last night the spider abandoned his web, which wasn't very productive. He must have realized we were there, so he disappeared after dark, leaving his weapons and baggage behind. But it takes only a few hours to make a new trap. The industrious artificer carries his raw materials in his stomach. To build his webs he always begins at the beginning, always spitting out equal angles and parallel segments.

Non siamo più puntuali

Non siamo più puntuali agli incontri con la natura. Ci sembra che i ruotismi del mondo si muovano con una legge diversa dalla nostra. Forse il nostro sangue impiega un po' più di tempo a fare il giro del nostro corpo. Ci accorgiamo di un evento quando è già compiuto, di una voce quando è estinta.

We're No Longer Punctual

We're no longer punctual in our meetings with nature. The world's gears seem to turn according to a law different from our own. Perhaps our blood simply takes a little longer to circulate through the body. We become aware of an event only after it's happened, of a voice when it's extinct.

La zampa del pappagalletto

C'è un segno, una macchia, c'è la ruggine sulla nostra stella. La buona e la cattiva sorte non stanno dentro i numeri ma nella mano che ce li dà, nella zampa innocente del pappagalletto che in quell'attimo ci è nemico.

Parakeet's Claw

There's a sign, a blotch, there's rust on our star. Good luck and bad lie not inside numbers but in the hand that gives us the numbers, in the innocent claw of the parakeet which, at that moment, is our enemy.

Postilla

Ci siamo abituati a considerare la Poesia come un frutto o
un fiore raro, un osso o un cristallo, un uovo o una perla,
senza tenere in gran conto la catena di choc, di raptus,
miracoli, accidenti che sono i naturali antefatti dell'ispirazione.
Ho raccolto in questo libretto alcuni episodi lontani e vicinissimi
per suggerire la figura di un Poeta che non si è mai illuso di
appartenere alla specie dei figli del Sole. Per la prima volta
mi sono reso conto esattamente del mio stato, ho preso coscienza
del mio debito. Ho creduto così di restituire qualcosa alla
mia vita. Perché soltanto ora, finalmente adulto, io riesco a
riconoscere ed allineare le circostanze che mi hanno portato
a scrivere versi. So bene che gl'indizi hanno poco peso e le
prove non sono determinanti. Qui, proprio in questo dominio,
noi ci muoviamo alla cieca.

Gloss

We usually think of poetry as a rare fruit or flower, a bone or crystal, egg or pearl, without paying much attention to the chain of shocks, compulsions, miracles and accidents which are the natural antecedents of inspiration. I've gathered together in this small book several moments or episodes, some past, others quite recent, in order to suggest a kind of poet who has never pretended to be one of the Children of the Sun. For the first time I've become keenly aware of my own condition, with precision, and I've reckoned with my duty. In this way I may have restored something to my life. Because only now, finally an adult, I can recognize and set in order, the circumstances that have brought me to write poetry. I know that the evidence carries little weight and that the results are provisional. It's here, in this zone, that we move like blind men.

Antefatti

L'uomo del Sud non matura. Stenta a uscire dall'infanzia. Quando non è più bambino è già vecchio.

La senilità precoce ci rende timidi. Ci costringe a riflettere su ogni decisione. Rivolgiamo in giro poche domande soltanto per convenienza. Conosciamo le risposte. La saggezza lega le gambe e i piedi, non concede che il lusso di qualche piccolo errore.

I rumori del corpo, gli sbadigli, i rutti, gli starnuti, i peti sacri dei vecchi.

La mostruosità dei vecchi di corpo e giovani di spirito.

Bisogna restituire ai vecchi l'autorità che hanno perduto dopo il periodo d'oro dei Patriarchi, i Mosè, i Noè, i Giosuè.

Il castigo è un riposo per le anime gentili.

La bella stagione ci fa sentire più pungente l'inutilità di vivere. La natura si raccoglie, si ritira nei suoi reami magnifici e ci spranga la porta in faccia. I cieli si allontanano trascinandosi sulle piume gli ultimi acini di luce.

Può darsi che rifiutando la vita noi riusciamo a sentire il gusto del tempo senza storia, il fluire della perennità. Passavo da ragazzo davanti alla mia casa chiusa e mi accostavo a sentire le voci dei miei cari dietro la porta, così lontani.

Chi ama troppo la natura rischia di perdere il resto del mondo. Il poeta deve respingere le moine del creato. La natura sembra fabbricata per gl'innocenti, per gl'infermi, forse per gl'idioti. Ma già il bambino nelle sue creazioni non fa che dileggiarla. Il bambino, come il poeta, è nemico dell'evidenza.

Presuppositions

The southern man does not grow old. It's difficult for him to leave his childhood. And when no longer a child he's already an old man.

Premature old age makes us skittish. It forces us to mull over each and every decision. We toy with problems merely as a kind of formality—we already know the answers. Wisdom binds our hands and feet, allows us only the luxury of a few small mistakes.

The body's noises, the yawns, belches, sneezes, and sacred farts of old men.

The monstrosity of men who are old in body but young in spirit.

We should restore to our elders the authority they lost after the golden age of the Patriarchs, after Moses, Noah, Joshua.

To kind hearts punishment brings repose.

Good weather makes us feel more keenly the futility of life. Nature gathers then retreats into its magnificent kingdoms, slamming the door in our face. The heavens drift away, feathers trailing the last clusters of light.

By avoiding life we perhaps get a taste of time without history, the flow of everlastingness. As a boy I used to stand in front of my locked house, close enough to hear the voices of my loved ones behind the door, so far away.

Anyone who loves nature too much risks losing the rest of the world. The poet must resist the blandishments of creation. Nature seems made for innocents, invalids, idiots. Even a child mocks nature in the things he makes. The child, like the poet, is the enemy of the obvious.

Sulle rive della Mosa, sulle sponde del Nilo o del Tevere, dove mi capita di trovare una fila di vecchi alberi e potermi appoggiare coi gomiti ad antichi parapetti, mi viene di pensare alla fatalità, alla precarietà della vocazione poetica. Perché scrivono i poeti? Per capirne qualcosa bisognerebbe indagare sulle circostanze in cui si svolse la loro fanciullezza. Non c'è dubbio che all'origine, nel cuore del poeta giovinetto, c'è l'illusione di caratterizzare in modo unico la propria storia. C'è come un'istintiva superbia del novizio entrato in una setta a partecipare alla celebrazione di un rito occulto. Naturalmente questa fede, questa disposizione al miracolo, questa tensione fisiologica non si possono nutrire di artifici, né possono diventare una regola. Il poeta muore nel giro di qualche stagione ed è costretto a cambiare vita e abitudini. Può diventare uno storico o un retore, può cavare sproloqui e profitti dalla propria miseria. La verità è nociva alla poesia. Non c'è altro latte per i poeti fuori della poesia. Il latte piatto, opaco, tumido, più del gaio veleno, più del fervido vino. Il poeta si attacca alle mammelle dei poeti, grandi mamme della poesia.

Cresce ogni anno con la nostra coscienza la difficoltà di esprimerci. Probabilmente perché non ci riserva più sorprese il ritmo della natura o della vita o della storia. Ogni nostro intervento diviene problematico, ci manca non solo il coraggio ma la grazia. Allora noi pensiamo che la scienza, quella più profonda, viene data per istinto. Perché i ragazzi sono così abili nell'apprendere e noi non riusciamo più a ritrovare neppure il ritmo della nostra voce perduta?

Il frammento non vuole essere un esercizio di stile, disinteressato, un capolavoro di bravura, un monstrum artigianale, la fortezza costruita con gli stuzzicadenti. Non può essere l'exploit di un carcerato. Non vuol descrivere il sogno, il miraggio, il nulla. Noi appuntiamo semplicemente i nostri pensieri che non gioveranno a nessuno ma chiariranno forse ai nostri nipoti le parti scure del nostro ritratto.

138

On the banks of the Meuse, on the shores of the Nile and the Tiber, where I discovered a row of old trees and could lean my elbows on ancient parapets, I thought about the fatefulness, the precariousness, of the poet's vocation. Why do poets write? The answer lies, in part, in the poet's childhood. Surely at first a young poet dreams of narrating, in a unique way, his own history. He feels the instinctual pride of a novice entering a religious order, about to participate in the celebration of occult rites. But this faith, this inclination toward the miraculous, this physiological strain, cannot survive solely on artifice, cannot be made into a strict code of conduct. Within a few months the poet in him dies and he is forced to change his life, his habits. He may become an historian or rhetorician; he may capitalize on his own misery by transforming it into meaningless double-talk, or into financial gain. Such truth harms poetry. Poets draw milk only from poetry. Flat milk, muddy and lumpy, but better than bright poison, better than warm wine. The poet feeds at the breast of other poets, the great mothers of poetry.

The more conscious we are, the more difficult it is to express ourselves. Probably because the rhythms of nature, or of life or history, no longer hold any surprise for us. Whenever we try to interfere, we create problems—we lack grace as well as courage. And so we think that knowledge, the deepest kind, comes through instinct. Why do children learn things so quickly while we can't even rediscover the rhythm of our own lost voice?

No need for the fragment to be merely a stylistic exercise, disinterested, a virtuoso performance, a craftsman's *monstrum*, a fortress made of toothpicks. Nor is it a prisoner's daring escape. It need not describe a dream or mirage or void. We simply jot down our thoughts. They won't be of much use to anyone, but they may explain to our grandchildren the dark patches of our lives.

139

I critici chiedono alla poesia concetti e sistemi. Leggo acute analisi, m'informo di tutte le operazioni chirurgiche, alcune assai delicate ch'essi conducono con la benda davanti alla bocca per arrivare al midollo spinale del povero poeta smidollato. Gli attribuiscono capacità nervose, capacità intellettuali, capacità dialettiche. Cercano la logica nei poeti. E pensare che la filosofia dei poeti è una così povera cosa al confronto della loro poesia! La loro scienza non giova alla poesia quanto giova la loro innocenza. Il mio sforzo per scrivere versi è stato appunto il disprezzo della mia saggezza. Sono cresciuto negli anni senza guadagnare nessuna certezza che potesse servire da struttura alla mia poesia. Credo di non sapere ancora quale sia precisamente il mestiere del poeta. Non conosco una sola regola valida in ogni caso. I risultati buoni o cattivi non saranno mai prevedibili. Non ho mai chiesto alla poesia di aiutarmi a risolvere i miei problemi. La poesia, l'ispirazione, non ho avuto la possibilità e la pazienza di conformare il mio disordine ai loro capricci. Ho aspettato a ore fisse. Il poeta non predispone ma raccoglie. Le sue predilezioni possono sembrare sconcertanti, egli fabbrica le gerarchie sul momento. Non cerca la lepre, ma cerca l'unità. I versi hanno una concatenazione che non si rivela in superficie. Convergono verso un punto che le stratificazioni possono nascondere a qualunque scandaglio, un cuore introvabile. Spesso il critico è quel piccolo animale che strisciando sulla sfera non saprà mai giungere al centro perché non ne conosce la formula, la forma.

Critics want poetry to offer ideas, systems. I read brilliant interpretations, I observe all their surgical procedures, some so delicate that they wear gauze masks when penetrating to the spinal marrow of the poor spineless poet. They attribute to him all kinds of things—nervous energy, intelligence, dialectics. They look for logic in poets. And yet a poet's philosophy is such an impoverished thing compared to his poetry! His innocence is more crucial to his poetry than knowledge. The impulse to write my own poems comes in fact from my disdain for wisdom. As I've grown up, I've not found any one *certainty* that might underpin or structure my poetry. I still don't know exactly what the poet's job is. I know of no rule valid in every instance. The finished results, good or bad, can never be foreseen. I've never asked poetry to help me solve my problems. I haven't had the opportunity or the patience to make my own disorder conform to the vagaries of poetry and inspiration. I've waited at set hours. But the poet doesn't preordain, he simply *gathers*. His predilections may seem baffling, he invents hierarchies on the spur of the moment. He chases unity, not rabbits. The connections between his lines are not visible on the surface. They converge at a point deeply embedded and hidden in the layers, an unlocatable heart. The critic is often a kind of small animal that can crawl all over the surface of a sphere but never know how to reach its center because he's not familiar with its formula, its form.

Tra un granello di polvere e tutto l'universo c'è un'attrazione reciproca e un'eguale ripugnanza. Il mondo non può muovere un grano di polvere che nella stessa misura con cui un grano di polvere muove il mondo. Un sistema di Galassie non riesce a sconvolgere l'itinerario di una formica che di quel poco, quella spinta infinitesima, che la formica imprime al sistema stellare. A geometrizzare il mondo ha provveduto il *logos*, vale a dire la mente ascosa di Dio e la ragione dell'uomo. Lo sforzo della nostra generazione sembra quello di liquidare l'*esprit de géométrie*. L'arte si sgeometrizza, si sgeometrizza la poesia. La fatalità cede il posto alla probabilità. Cartesio e Pascal che erano riusciti a prendere in trappola la natura e a trovare un solco profondissimo da cui sembrava che il pensiero non dovesse mai straripare, sono stati messi in scacco dall'informe che è scoppiato come un'epidemia senza dar tempo alla coltivazione di un vaccino. Si può rovesciare il dogma di Valéry, si può dire che non possono esistere meraviglie se non fabbricate a caso.

Between a speck of dust and the whole universe there's an equal and reciprocal attraction and repulsion. The world can only move a speck of dust to the degree that a speck of dust moves the world. A system of galaxies can interrupt an ant's intinerary only a little, only that infinitesimal push which the ant exerts against the constellations. The *logos*—that is, man's reason and the concealed Divine Mind—has imposed a geometry or symmetry on the world. But our own generation seems intent on liquidating *l'esprit de géométrie*. Art has been desymmetrized, and so has poetry. Necessity gives way to probability. Descartes and Pascal, so successful at trapping nature and driving thought into so deep a rut that it seemed it could never escape, have been checked by *shapelessness*, which has broken out and spread like an epidemic, allowing no time to develop a vaccine. We can reverse Valéry's doctrine and say that only those wonders may exist which have been accidentally engineered.

Conosco molti congegni, ho pratica di utensili quasi miracolosi. Potrei risparmiare tempo e fatica, partire sicuro per affrontare il progetto di un'opera, piccola o grande. Le regole sono nei miei libri. Ma ho il gusto di tentare, sbagliare, distruggere. Non ho grande rispetto per l'opera duratura. Mi disturba ingombrare la via ai miei nipoti. Ripetermi mi infastidisce. Il mio spirito è contrario allo spirito meccanico. Potrei anche dire che il meglio della mia cultura mi fa quasi vergogna. Vorrei essere ignaro e inerme. Spero tanto nella vecchiaia per arrivare all'asfissia, all'imbecillità. Raduno tesori che non tocco, libri che non taglio, giardini che non esploro, ammasso capitali che non mi godrò mai. Ci sarà qualcuno che mi aiuterà, in cambio, nei miei bisogni più abbietti.

I know a lot about technology, I know how to use almost miraculous instruments and tools. I could save myself time and effort, feel secure confronting plans for any kind of job large or small. The rules are all in my books. But I prefer to take chances, to err, to ruin. I have little respect for things that last. I don't like blocking the street for my grandchildren. I hate to repeat myself. My own spirit runs contrary to the mechanical. In fact I feel almost ashamed by most of what I know. I would like to be ignorant, defenseless. I hope in my old age to become idiotic, asphyxiated. I collect treasures that I never touch, books I never open, parks I don't explore, I accumulate money I'll never enjoy. Maybe someone will be there to help me, reciprocally, in my most miserable needs.

La non-poesia è il territorio segreto della Poesia. La geometria s'ingrandì con la croce di Cartesio, positiva e negativa. L'algebra toccò il cielo con gl'immaginari. Trovò una scrittura per le forze, oltre che per le forme, scoprì la metrica dell'invisibile. Diede all'occhio la possibilità di guardare oltre il reale, oltre lo zero, e oltre il nulla.

Non-poetry is Poetry's secret territory. Geometry expanded with the Cartesian cross, positive and negative. Algebra touched the heavens with imaginaries. It discovered a written language for forces as well as forms, revealed the prosody of the invisible. It made it possible for the eye to see beyond the real, beyond zero, beyond nothing.

III
1962-1979

Autunno

Le mosche sembrano
felici di rivedermi.
Strisciano sulle stanghette
degli occhiali, saltano
sulla punta delle orecchie.
Il foglio bianco le affascina.
Parlo, le accarezzo,
le raccolgo nel pugno,
le chiamo di nome
Fantina Filomena Felicetta.
Mi illudo che siano
sempre quelle.
Una si specchia nell'unghia,
le altre si nascondono
per farsi trovare.

Autumn

The flies seem glad
to see me again.
They inch along the stems
of my glasses, pounce
on the tips of my ears.
The white paper fascinates them.
I talk, I pet them,
gather them in my fist,
call them by name,
Fantina, Filomena, Felicetta.
I fool myself thinking
it's always them.
One checks his reflection in my fingernail,
the others hide so that
he'll have to find them.

Ex-voto

I vecchi non sanno a chi parlare
dei figli lontani,
si sfogano coi poveri
che vanno e vengono per casa.
Mia nonna consegna ogni domenica
una puparella di pane
a ciascuna delle sue fide mendiche.
Nomina Caietano
Iacinto Romualdo Peppe
Antonio: li vede sempre in pericolo
tra i coccodrilli del Maddalena.
Le visitatrici si portano via le sue lacrime
e una fetta di lardo.

Ex-Voto

No one wants to hear old people talk
about their children who've gone away.
They pour out their feelings to the poor
coming and going through the house.
Every Sunday my grandmother hands out
a thick slice of bread
to each of her faithful beggars.
She names them Caietano,
Iacinto, Romualdo, Peppe,
Antonio; she sees them always in the shadow
of their obituaries—the unclaimed dead.
Ladies who come to visit depart with her tears
and a slab of lard.

Aurora

Mi sveglio in un bagno di sudore,
mi chiama da lontano
una vocina trafelata
proprio in cima all'aurora.
Che speri, che aspetti,
chi ti tiene legato?
Vieni a stenderti al mio lato,
è fresco buio ventilato.

Dawn

I wake in a pool of sweat,
a tiny breathless voice
right at the peak of dawn
calls distantly to me.
What are you hoping, or waiting for,
who ties you down?
Come and lie by my side,
it's cool, dark, breezy.

Due poeti ai giardini

Bolsi sulla ghiaietta sotto gli olmi
ammirano le foglie
ancora verdi, trasparenti
a fine ottobre.
Non c'erano venuti mai
insieme in tanti anni.
Sono qui tutte le mattine alle undici
per consiglio dei medici.
Girano a passi piccoli,
il luogo non è immenso,
lo percorrono in un'ora
sempre nello stesso senso.
Quando stanno meglio
e possono camminare spediti
fanno una visita
al Museo di Storia Naturale.
Guardano i mammut, i cristalli,
gli scheletri dei pesci e degli uccelli:
teste grandi come teatri, ossa
sottili come aghi. Siedono
sulla panchina davanti al lago.

Two Poets in the Park

Wheezing on the gravel under the elms,
they admire the leaves
still green, transparent
in late October.
It's been many years since
they last came here together.
They're here every morning at eleven,
doctor's orders.
They mince around,
it's not a very large place,
and finish their tour in an hour,
always following the same route.
When they're feeling better
and can walk more briskly
they go and visit
the Museum of Natural History.
They stare at the mammoths, the crystals,
the fish and bird skeletons,
heads big as theaters, bones
slender as needles. They sit
on the bench facing the lake.

La pica in sartoria

Un uccello all'improvviso
si fa donna, adulta, gli occhi
feroci, il becco dentuto.
Vuole schernirmi o adularmi?
Ha le zampe ravvolte nelle bende
sul braciere. Io miope agucchio,
stento a finire un'asola,
il pezzo sorprendente.
Mi distraggo se odo il compagno
di fuori che mi fischia. Lei
dall'alto si avventa
per ogni svista, per ogni abbaglio.
Mi buca il dorso della mano,
mi strappa i polsi con gli artigli.

Magpie in a Tailorshop

All of a sudden a bird
becomes a woman, mature, wild-
eyed, beak fat with teeth.
Will she ridicule or worship me?
Her legs are all twisted in the ribbons
on the heater. Nearsighted, I sew,
struggling to finish a buttonhole,
the surprising part.
I get distracted if I hear a friend
outside whistling to me. She
swoops down
on every oversight, every wrong stitch.
She pecks holes in the back of my hand,
shreds my wrist with her claws.

I discepoli

Il Maestro è alle prese
coi suoi triangoli.
Li vede dappertutto
in cielo e in terra.
Col suo bilancino
ha trovato rispondenze
mirabili tra diverse figure.
Ma non è lieto.
Non ci concede di fargli festa,
ci proibisce di cogliere i fiori
occhiuti delle fave:
solo stelle da numerare
fino a mille e i semi
delle carrube raccolti
nelle mangiatoie.

The Disciples

The Master is working hard
with his triangles.
He sees them all over
the earth and sky.
With his charts
he has found miraculous
likenesses between different forms.
But he's not happy.
He won't let us celebrate his success,
and he forbids us to gather
the wide-eyed broadbean flowers.
We can only count stars,
thousands of them,
and the carob seeds dumped
in the feeding troughs.

Ero morto

Ero morto da un anno
quando Filippo venne ad aprire,
mi fece entrare, mi diede da bere.

I Had Been Dead

I had been dead one year
when Filippo came to open the door,
he let me in
and gave me something to drink.

La visita di Pascal

Pascal venne col solleone
a casa nostra
in sembianza di lattaio.
Non c'era la bottiglia.
E fece scivolare
sotto la porta di servizio
un breve saluto
scritto con un mozzicone di matita:
"Non ò trovato il *vuoto*."

Pascal's Visit

During the August dog-days
Pascal came to our house
dressed like a milkman.
There was no bottle outside.
Under the service entrance
he slipped a brief note
written with a pencil stub:
"Didn't find the *empty*."

Via Spiga

L'autunno sta dietro i cantoni,
mi spia mi aspetta. Via Spiga
è buia stretta storta.
Brucia la mia sigaretta
in una cornice vuota.
Scaricano scatole sigillate
due mimi in maglietta,
ne scivola una tra due ruote
sul selciato. La Musa e io
camminiamo a braccetto
in una vecchia foto.

Via Spiga

Autumn lurks around the corner
watching me, waiting. Via Spiga
is dark, narrow, crooked.
My cigarette burns
in an empty frame.
Two mimes in sweaters
unload sealed cartons,
one box skids between two wheels
on the pavement. The Muse and I
stroll arm in arm
in an old snapshot.

L'amore dei vecchi

I vecchi giacciono
smemorati dietro le porte.
Tappano la cruna con l'ovatta.
Giocano naturalmente con la morte
nuda, inebriante.
Hanno paura che li colga in flagrante
una spia o un infante.
Non importa se li vede la luna.

Old People's Love

Old people lie forgotten
behind closed doors.
They stuff the needle's eye with cotton.
It's natural for them to play
with naked drunken death.
They fear being caught in the act
by some spy or child.
It doesn't matter if the moon sees them.

Due poesie per la fine dell'estate

1.

Torno alle mie storture,
alle mie fandonie.
Torno alle stanze vuote,
ai miei terrori.
Mi porto dietro le confidenze
di una formica
e carte di petunie e di begonie.
Troverò qualche bene
per l'inverno che viene.
Mi contenterò di una mollica.

2.

Mi riabituo a sopportare il semibuio
delle stanze tappate.
Mi stendo semicieco sui tappeti.
Resto immobile lunghe ore.
Odo lo sterminio delle bottiglie
vuote nel corridoio seminterrato,
il trillo del venditore di piumini,
gli appelli reiterati
di un telefono nel condominio.
In dormiveglia supino
guardo in alto la larva
di un cane che vola.

Two Poems for Summer's End

1.

I go back to my crooked ways,
my tall tales.
Back inside my empty rooms,
my terrors.
I bring with me the secrets
of an ant
and papers of petunias and begonias.
I'll find something decent
for the coming winter.
I'll be satisfied with crumbs.

2.

I'm learning again to live with the half-dark
of shuttered rooms.
I stretch out half-blind on the rugs,
not moving for hours.
I hear the slaughter of empty
bottles in the corridor downstairs,
the trill of the eiderdown peddler,
the repeated cries
of a telephone in the condominium.
On my back, half-awake,
I watch the ghost of a dog
flying overhead.

La macchina inutile

Per guardare da vicino
la pioggia fitta cadere
mi sono alzato a mattutino.
Ho raccolto i miei pensieri,
mi sono chiuso nei miei panni.
La pioggia torna da tanti anni
e il vento e le tempeste.
Ho spalancato le finestre e la furia
ha sconvolto le cicche, ha spezzato
il filo della macchina appesa.
Non ho mai fatto progetti da bambino
per legare la pioggia al mio destino.
Non ho sporcato la pagina
con le lacrime delle cose.
Se un gemito è entrato di riflesso
è il suono di uno spino
tra le fiamme, un dialogo
tra gli insetti.

The Useless Machine

I woke early this morning
to watch up close
the thick rain falling.
I gathered my thoughts
and bundled up in my clothes.
Year after year, the rain returns,
and the wind, and the storms.
I opened the window and gusts
scattered my cigarette butts, snapped
the wire of my dangling machine.
I've never made childish plans
for linking rain to my destiny.
I haven't soiled the page
shedding tears over things.
If there's been any groaning—a reflex—
it's merely the sound of a thornbush
in flames, a conversation
among insects.

Le finestre di Via Rubens

1.

Perché è domenica tardi
io non mi stanco mai
di guardare le rondini.
Ho tirato tutte le coulisses
per dare aria alla casa vuota.
Odo la palma che si scuote,
alza le ali, starnazza,
poi si rassegna all'immobilità.
Si chiude nel suo mutismo.
La guardo da anni. La festa
non dura tanto a lungo
qui davanti. È un giuoco breve
quello delle rondini al crepuscolo.
Escono in cielo a due a due,
corrono sui tetti in fondo ai pini,
rientrano come saette.
All'improvviso il fischio scompare.
Volano mute ancora per un attimo.
Poi il cielo torna vuoto.
Scrivo rapido
finché c'è luce sulla carta.

2.

Rinuncio al piacere
di starmene al caffè fino a notte.
Rinuncio ai sorrisi delle etère.
Volo a casa per disegnare.
C'è la luna queste sere
in fase calante.
Fa un piccolo viaggio,
un cammino breve.
La seguo passo passo.

The Windows on Via Rubens

1.

It's late Sunday afternoon
and I feel I can sit and watch
the swallows forever.
I've opened all the stops
to air out the empty house.
I hear the palm rustling,
it lifts its wings, flutters,
then settles down, motionless,
hiding inside its silence.
I've been watching it for years. Celebration
never lasts long
here. A brief game
of swallows playing at twilight.
They enter the sky two by two,
coasting the rooftops near the pines,
then shoot back like arrows.
Suddenly the whistling stops.
Silent, they fly another moment
then the sky is blank again.
I write quickly
while there's still light on the paper.

2.

I give up the pleasure
of staying late at the cafe.
I give up the smiles of the sky.
I run home to sketch.
These nights the moon
is waning.
Its journey is brief,
a short walk.
I follow it step by step.

Sale al buio sghemba in cielo.
La fermo sulla carta turchina,
poi segno in un angolo
una stella distante.
Basta un'annotazione
a far la storia senza risentimenti.
Ho escluso dai miei fogli la passione.
Voglio solo guardare,
guardare come un deficiente.

3.

Da un buco nel muro
o da una crepa nel cuore
può sporgersi l'insetto
che fa marcire frutti e fiori.
Le rondini le lune restano fuori.

It rises in the dark
and slants across the sky.
I catch it on deep blue paper,
then in a corner I rough in
a distant star.
One stroke is all it takes
to write history without regrets.
I've excluded passion from my work.
All I want is to watch,
to watch like a halfwit.

3.

The worm that makes
fruit and flowers rot
squirms from a hole in the wall
or a cleft in the heart.
Moons and swallows stay outside.

Hybris

Un bicchiere d'acqua
su un quaderno verde,
il gas sale dritto
fino al soffitto.
Lo scriba beve e fuma
fino a tarda notte.
La sua hybris è casta.
Aspetta di cadere nel sonno.
Le cicche si accumulano fetide
come le mele degli ospizi
che i vecchi tentano di mordere.

Hubris

A glass of water
on a green notebook.
Fumes rise
straight to the ceiling,
the scribbler drinks and smokes
late into the night.
His hubris is pure.
He's waiting to drop off to sleep.
The stinking butts accumulate
like the flophouse apples
that old men try to nibble.

Pasqua ai giardini

Ti siedi intorno al lago
al mattino presago
del tuo declino.
Giri a vuoto nei viali,
ti appoggi alla palizzata,
cerchi requie sul prato.
La Bellezza è invecchiata,
l'hai riconosciuta e abbracciata.
Anche se la spuma la polvere
il polline non bastano
a farti credere a una resurrezione.
Tanta libertà gratuita ti fa vergogna.
Cammini sulla ghiaia e incespichi,
sull'erba scivoli come il povero
sui tappeti. Rifiuti quest'oro
che non sai spendere.
Meglio un pugno di lupini
che una moneta in un giardino
dove tutto il tesoro non si vende.
Sei qui per nasconderti,
non vieni per ispirarti.
Hai la commiserazione
dei giardinieri e dei soldati.
Il sole affratella i malati.
Un piccolo lago in città
è come la neve conservata
dentro un sacco. Gli alberi
chiari sempre più leggeri.
Le parole non vengono sulle labbra,
solo un alfabeto da carcerati
parlato con le dita.
Tu ti penti di aver perduto
la vita per dovere.

Easter in the Park

You sit beside the lake
in the morning and know
your life is winding down.
You drift along the paths,
lean against the fence,
seek comfort on the grass.
Beauty has gotten old,
you've recognized and embraced her.
Though the ground-moss, dust
and pollen aren't enough
to make you believe in resurrection.
You feel ashamed of all this easy freedom.
You walk on the gravel and stumble,
you slip on the grass like a poor man
on rugs. You refuse this gold,
not knowing how to spend it.
Better a fistful of lupins
than a coin in a garden
where the entire treasure's not for sale.
You come here to hide,
not for inspiration.
The gardeners, the soldiers—
they share your suffering.
The sun's a brotherhood for the sick.
A small city lake
is like snow stored
in a sack. The bright
trees, lighter, lifting.
On your lips not a word,
only a prisoner's alphabet:
the fingers speak.
You regret the life you lost
for duty's sake.

Puoi trascorrere ore e ore
a guardare le foglie nuove.
Il mondo è lontano di là.

You can spend hours and hours
watching the new leaves.
The world's so far away.

Un vecchio compagno

Il più debole vive esiliato
sul colle di tufo, letterato
in ritiro spolvera il lapillo
dai vetri e appunta filze
di nomi in un album disseccato.
Davanti a un gramo villino
il furgone scarica un omino
scervellato che propone baratti
per gl'inverni futuri: termocoperte
per vocabolari, giornali
in cambio di piatti.
Via le camicie alla "Nivea"
sporche di muco e di urina,
alla rammendatrice la palandrana
bruciacchiata, al cappellaio
la cloche da rivoltare.
Tanti anni di cinghia.
Ci si ubriaca coi fondi di bottiglia,
ci si ingozza coi beaux restes.
"Ho paura di vivere un minuto
di più delle mie ciabatte."
Ha programmato i tempi della disfatta.
Dipinge sulle ginocchia
tavolette votive—apostrofi, trattini,
virgolette, parentesi, puntini
sospensivi.

An Old Friend

The frailest lives in exile
on a tufa hill, a retired
man of letters dusting ash
from his windows or pinning
names in a crumbling album.
Outside the rundown cottage
a van disgorges a squat and slightly
dopey man who wants to swap things
for future winters: electric blankets
for dictionaries, newspapers
in exchange for dishes.
Shirts filthy with mucus and urine,
off to the cleaners;
his scorched cloak to the seamstress;
his cloche hat to the hatter
for blocking.
So many lean hard years.
He gets drunk on dregs of wine,
fattens himself on *beaux restes.*
"I'm afraid to live even one minute
longer than my old shoes."
He's carefully scheduled his collapse.
On his lap he paints
votive tablets—apostrophes, dashes,
quotation marks, parentheses and
ellipses.

Il passero e il lebbroso

Si può prendere la felicità
per la coda come un passero.
Si possono dimenticare i debiti
che abbiamo con il mondo.
Un lampo di beatitudine
non offende il nostro vicino.
Lui dorme sulla panchina,
il passero gli vola intorno.
Lui sogna il lebbroso
ma sentiamo che il suo male
non è contagioso.

The Sparrow and the Leper

We can grab happiness by the tail
like a sparrow. We can forget
the debts we owe the world.
A moment's flash of blessedness
won't offend our neighbor.
He's sleeping on the bench,
a sparrow flying around him.
He's dreaming of a leper
but we somehow know his disease
will not spread.

Se sanguina la vena

Se sanguina la vena
prendi l'amico per la mano.

If Your Vein Bleeds

If your vein bleeds
take a friend by the hand.

A casa mia

A casa mia si parla
con le mosche si vive
in compagnia delle mosche
d'inverno e d'estate
dov'è la mosca
come sta la mosca
è sparita la mosca
si grida quando si ritorna.

In My House

In my house you
talk to the flies you
live among the flies
winter and summer and
when you come home you shout
where's that fly
is the fly all right and
the fly's all gone.

Un dito di vino

Un dito di vino,
una patata, un uovo
da arrostire sulla cenere.

A Few Drops of Wine

A few drops of wine,
a potato, an egg
to roast in the ashes.

Reliquiario

Mi sono messo a frugare
nei nascondigli: nidi
vuoti, teschi di topi.
Continuo a saccheggiare
soffitti e sottani,
a rispolverare ritratti.
Non ho ritegno verso i genitori,
vendo le reliquie i segreti i gioielli
delle zie, gli anellini delle sorelle.

Reliquary

I've been rummaging
in all the secret corners—
empty nests, mice skulls.
I loot
attics and cellars,
dusting off old portraits.
I even go after my parents.
I sell my aunts' relics,
secrets, jewels, and
my sisters' tiny rings.

Tornò il padre

Tornò il padre
a godersi la brezza.
Vide i tronchi
delle querce svendute.
Che ve ne fate, disse,
di quella finestra
che guarda le lucciole.
Non danno pace i morti
a chi li dimentica.

Father Came Back

Father came back
to savor the breeze.
He saw the stumps
of oak trees
that had been sold.
So what good, he said,
is that window
looking out on the fireflies?
The dead allow no peace
to those who forget them.

La luna di San Martino

Sono un vecchio ebete
al tavolino incantato
a mirare la luna
che s'impenna e scompare
col suo cagnolino.
Il cielo l'ho guardato poco
da giovane distratto dalla vita.
Non c'era spazio per la riflessione.
Non mi muovo più,
non mi volto indietro,
starò tutta la notte
davanti a questo vetro.

St. Martin's Moon

I'm a stupid old man
at a cafe table enchanted
to watch the moon
climb high and vanish
with its puppy.
Young and caught up in life
I seldom watched the skies.
There wasn't time for reflection.
I won't move anymore,
I won't turn away,
I'll spend the entire night
in front of this window.

Interno

Conosco un luogo di casa mia
dove il vento fa mulinello
e si aggroviglia la polvere
a un filo di capello.
Dentro la latrina
entra sempre una fogliolina.
E accanto al tagliere
su una lama di coltello
una formica chiede da bere.

Interior

I know a spot in my house
where the wind reels like a mill
and ravels dust around
a strand of hair.
Tiny leaves are always
blowing into the bathroom.
And an ant poised on a blade
beside the chopping block
wants something to drink.

Stretta tra due cupole

Stretta tra due cupole
conosco una stradetta
dove non arriva mai il sole
e c'è il lagno di un vecchio
pisciatoio intermittente.
Oltre gli scaccini
ci passano gli attori
di un teatro di burattini
che imboccano la porta di servizio
aperta solo la domenica
e il giovedì.
    Torno a prendere fiato
in questo meandro abbandonato,
mi siedo sul gradino di una nicchia,
mi asciugo il sudore,
mi slaccio le scarpe.
Di fronte come un altare
adorno di ragnatele
arde la vetrina di un vinaio
con bottiglie di un secolo fa.

I Know a Narrow Street

I know a narrow street
pinched between two domes
where the sun never shines
and an old public restroom
moans off and on.
Sextons walk there
as well as actors
from a puppet theater
who rush the service door
open only on Sundays
and Thursdays.
      I pause to catch my breath
in this lonesome maze, I sit
on a step carved in a niche,
wiping my brow,
loosening my shoes.
Across from me, like an altar
adorned with spiderwebs
a wine merchant's window gleams
with bottles a century old.

La camera del suicida

La piccola scrivania bruciacchiata
sta in un angolo dello stanzino
a tergo della casa. Una finestrella
sporge su uno spiazzo, s'intravede
una palma sull'orlo del terrapieno
che sprofonda nel vallone. Il poeta
si appoggiava con la spalliera della sedia
alla parete e vedeva di squincio
nei giorni sereni la lama
di luce che veniva dallo Stretto.
Lo scavo dietro le spalle
ha messo a nudo la trama
grossa dei mattoni. Un pacchetto
semivuoto di nazionali, qualche
fiammifero intero spezzato spento:
lo strofinava all'intonaco
allungando il braccio.

Suicide Room

The small scorched writing table
stands in a corner of the tiny room
at the rear of the house. A small window
juts out over a clearing and squints
at a palm on the edge of the embankment
sloping down to the valley below. The poet
used to tilt his chair back against
the wall, and on clear days he saw
the blade of light slanting
from the straits of Messina.
The gouges behind his chair
have exposed the big
weave of bricks. A half-empty
pack of cheap cigarettes, a few
matches, whole, broken, burnt:
he used to strike them on the plaster,
reaching out his arm.

La valle

Il mulino è sepolto
sotto il lago con gli alberi
di prugne, i meloni, le tane
dove andavano a nascondersi
le trote. Qualcuno dice
che non c'è solo buio
laggiù, che sotto il ponte
sommerso scivola silente
la vena.

The Valley

The mill is buried
under the lake with the plum trees,
the melons, the pools where trout
once took cover. Some say
there's more than darkness
down there, that beneath the buried
bridge slides the silent
vein.

La corte

Mi muovo seguito da una piccola
corte: le mosche viaggiano
negli spazi morti, l'astuccio
degli occhiali, la punta delle scarpe.
Volano appena mi chino
sui quaderni: sono malate
di letteratura, le rapisce l'odore
della scrittura.

The Cortege

A small cortege follows me
wherever I go, the flies travel
the dead spaces, my
eyeglass case, the tips of my shoes.
They take off the moment I bend
over my notebooks—they are sick
with literature, the smell of writing
ravishes them.

Un nido

Vincenzo si è costruito il nido
a fianco di un valloncello,
una casa di due stanze
con forno al pianoterra,
il magazzino e la stalla.
Ho contato tre porci, due cani,
un gattino, una trentina di pulcini,
un paio di oche. In un antro
sotto il ponte vuole scavare
una peschiera: dice che dal lago
potrebbero salire quassù
le ninfe controcorrente.

A Nest

Vincenzo has built himself a nest
on the flank of a small ravine,
a two-room house
with a dugout oven,
storage shed and barn.
I've counted three pigs, two dogs,
a kitten, about thirteen chicks,
a few ducks. In a hollow
under the bridge he plans to dig
a fishpond. He says the nymphs
from the lake might make it this far
swimming upstream.

Il malato

È caduto dal letto
col terrore che stessero
sotterrandolo. Si trascina
dietro la sedia al buio
verso la cucina: ode
i tonfi lugubri della legna
che ammucchiano in cantina.

In Sickness

He falls out of bed
terrified that they
might be burying him.
He drags himself
through the darkness behind his chair
toward the kitchen. He hears
the dark thumping of firewood
heaped high in the cellar.

Castagni

Mi ridono in faccia
perché continuo a esaltarmi
dei castagni fioriti
al sole di luglio.
Una bava d'aria
fa tremolare i grappoli
come code di gatti.
Qua e là in mezzo al verde
cupo delle querce e al verde
chiaro dei pioppi e degli olmi
sbocciano sulfuree
le rigogliose capigliature.

Chestnut Trees

They laugh in my face
because I'm still thrilled
by chestnuts blossoming
in the July sun.
A breath of wind
shivers the clusters
like cats' tails.
Here and there in the dark green
of the oaks and the light green
of poplars and elms
the shaggy lush
sulphur-yellow bundles
are blooming.

La strada del Carmine

I poeti girovaghi
si difendono dal sole e dalla grandine
con grandi cappelli a campana.
Ho una fotografia di Govoni
che porta in testa una cupola di paglia
e sulle spalle la pompa fumogena
per calmare le api.
Penso a una specie estinta di pellegrini
passando ogni giorno
davanti alla Cappella del Carmine
che ha il tetto coperto di vecchi embrici.
Piccole vòlte s'incastrano alla navata
centrale e fanno un giuoco gradevole
sui due lati. Gli spioventi sono dolci,
più ripida la copertura a imbuto
dell'abside.
            Non ero più capitato
a questa svolta di pochi passi
fuori del paese. Il tetto della chiesa
è coperto di cespugli di fiori gialli
celesti rossi e di larghe chiazze di muschio.
Una intera comunità di uccelli
vive intorno a quest'area
di poco sollevata da terra,
rondini e passeri, ma ci sono anche
merli cardellini pettirossi colombi,
e un gufo divoratore di talpe.

The Road to the Carmelite Chapel

The wandering poets
shield themselves from sun and hail
with huge bell-shaped hats.
I have a picture of Govoni
wearing a little straw dome on his head
and an insecticide pump on his shoulders
for calming the bees.
I think about an extinct species of pilgrims
as I walk each day
past the Carmelite Chapel,
its roof covered with clay tiles.
In a few spots on the central nave
they all link up and swim neatly
down both sides, sloping very gently,
steepening where the long funnel
covers the apse.
      I'd stopped coming
to this bend in the road
just outside town. The church roof
is covered with clumps of yellow, red,
and pale blue flowers, moss stains everywhere.
A whole community of birds
lives in the area,
not too high off the ground,
swallows and sparrows, blackbirds
too, and goldfinches, robins, doves,
and a mole-devouring owl.

Verrò a morire

Qui dovevo vivere,
verrò a morire tra i ruscelli
le vigne le pietre
a forma di martello di cuore,
le pietre che chiamano "dinamiche"
perché sono state limate
nei millenni.

I'll Come to Die

Here's where I was meant to live.
I'll come to die by these streams,
vineyards, stones
shaped like hammers or hearts,
stones they call "changers"
because they've been filed down
by thousands of years.

Nomi e cose

I nomi si sono scollati
dalle cose. Vedo oggetti
e persone, non ricordo
più i nomi. A piccoli
passi il mondo
si allontana da noi,
gli amici scendono
nel dimenticatoio.

Names and Things

Names are coming unstuck
from things. I see objects
and people but can't remember
their names. Little by little
the world drifts
away from us,
our friends sink
into forgetfulness.

Il sole di febbraio

Dai rami del vecchio albero
nascono figli
che non gli somigliano.

February Sun

From the old tree's branches
sprout children
who do not resemble their father.

AFTERWORD

Intorno alla figura del poeta

Forse soltanto chi ha il vizio della preghiera si abitua, giorno per giorno, ad aspettarsi sempre meno dalla Vita e dagli Dei. Perché veramente soltanto gl'increduli hanno bisogno di miracoli. Direi di più: solo gl'increduli si accorgono dei miracoli. La preghiera non fa che allontanare il più possibile la risposta, la voce, l'intervento dell'Altro. Chi prega sa bene che la Vita e gli Dei glie la faranno pagar cara. Che cosa celebra, infatti, il sacerdote, ogni mattina, se non il suo sacrificio? Ogni giorno egli scioglie nel suo sangue una pozione di cenere; ogni giorno egli dichiara, alzando un poco la voce, chinando il capo, battendosi il petto, che la colpa è sua, soltanto sua, esclusivamente e totalmente sua. Quale colpa? La colpa di vivere in uno stato di grazia.

Pregare vale rinunziare a tutti i diritti, protestare tutti i crediti. "Niente mi è dovuto, io sono una Tua vittima!": non fu forse questo il grido che corse nell'uliveta di Getsèmani? E, tuttavia, conosciuta la propria miseria, ribadita la propria debolezza, quell'uomo che tutti i giorni si genuflette, corregge e altera il gesto con una dichiarazione che potrebbe parere superba o luciferina, ed è invece soltanto pietosa, soltanto consapevole della miseria e della cecità della tribù. Quell'uomo grida in cuor suo: "Io non domando per me nessun aiuto": quell'uomo sa che la bilancia del riscatto chiede il sacrificio di tutta la sua vita e forse anche di tutte le sue speranze. Ma non vorrebbe morire, ecco tutto. Non morire.

Chi nella vita coltiva con tutta l'anima questa catastrofica illusione, chi nella vita spera e dispera che alle parole dell'uomo, alle opere dell'uomo, alla memoria dell'uomo possa essere riservata la sorte delle stelle, chi misura la vita con questo metro temerario è considerato dal volgo uno spirito pericoloso, un idolatra, un pazzo da legare. Ed è invece soltanto un uomo profondamente infelice e inconsolabile.

È curioso come il mondo guardi con sospetto a colui che non chiede niente a nessuno, neppure alla Vita e agli Dei.

From *On the Figure of the Poet*

Perhaps it's only those with a weakness for prayer who gradually come to expect less from life and from the gods. Only disbelievers truly need miracles. I'd go further: Only disbelievers are aware of miracles. Prayer is simply a way of distancing ourselves from the response, the voice, the intervention of the Other. Those who pray certainly know that life and the gods exact a dear price. What does the priest celebrate each morning if not his own sacrifice? Every day he dissolves ashes in his blood, every day he announces—raising his voice slightly, bowing his head, beating his breast—that the fault is his, his alone, exclusively and entirely his. And the fault? That of living in a state of grace.

To pray means to surrender all rights, to refuse all rewards. "I deserve *nothing*. I am Your victim!" Wasn't this the cry that rang in the olive garden at Gethsemane? The man who bends his knee each day, aware of his misery and fortified by his weakness, yet modifies that gesture with a declaration that may seem arrogant or diabolical but which is in fact the pious utterance of one conscious of his tribe's wretchedness and blindness. In his heart he cries, "I ask no help for myself," knowing he'll have to pay the balance of that ransom with lifelong sacrifice, perhaps the sacrifice of all hope. But he wouldn't want to die. No, not die.

Anyone who nurtures deep in his soul this disastrous illusion, who hopes and despairs that man's works, words, and memory will share the destiny of the stars, measuring his life by this brave standard, is viewed by the *volgaris* as a dangerous spirit, an idolator, a lunatic to be put away. When in fact he is just a profoundly unhappy, inconsolable man.

It's curious that the world looks with suspicion on a person who asks nothing from others, not even from life and the gods. And yet there are many, especially among our scribes and pharisees, who have made an illustrious monument of the art of supplication. But this is surely Rhetoric. What are Eulogies,

227

Eppure c'è tanta gente, specie tra i Firisei e gli Scribi, che dell'arte di supplicare, hanno fatto un monumento insigne. Non è forse la Retorica? E che cosa sono gli Elogi, gli Inni, le Orazioni? Nient'altro che magnifica Retorica. Perché la disposizione d'animo a supplicare o a scongiurare, così naturale a quelli, vale a dire ai falsi poeti e ai falsi sacerdoti, implica la necessità dell'adulazione, e l'ipocrisia. Che, poi, tra i postulanti, gli adulatori, gli ipocriti possano a un certo momento trovarsi mescolati anche degli uomini è probabile: è impossibile invece che dagli imbiancati sepolcri si levi mai lo spettro del Poeta.

Il Poeta non sa assolutamente chiedere soccorso, o sollecitare consensi, o indulgere a qualunque forma di convenienza nei suoi rapporti con la tribù. È, senza scampo, un animale impolitico. Preferisce la compagnia degli umili all'amicizia dei potenti, lo onora il rispetto di un'anima semplice, più che la stima del critico complicato, dà la sua confidenza a un postino, a una portinaia, a un pensionato, piuttosto che a un Principe. Egli vive ormai più volentieri nel sottoscala che sull'Eremo suntuoso. È diventato il personaggio anonimo, l'ultimo anello, l'anello rotto, di una gloriosa catena. I suoi lontanissimi e favolosi antenati salirono sul Sinai, discesero all'Inferno, rivoltarono le pietre, risuscitarono i morti, predissero il futuro, camminarono sulle acque; ma i suoi parenti vicini sono affaticati e taciturni.

Quanto agli affetti, con un cuore come il suo, un cuore deluso, un cuore tenero, un cuore spaventato, c'è chi lo accusa di aridità, chi di indifferenza, chi di egoismo. Offeso, tradito, insoddisfatto della amicizia e dell'amore del prossimo, per non abbracciare una carogna o un cavallo, finì col familiarizzare prima coi gatti e gli uccelli, poi scese sempre più giù a cercare pietà, a rivolgersi mendico—lui così trepido nel supporre di aver donato mai qualcosa a qualcuno, così delicato!—alle mosche, alle chiocciole, agli scorpioni, ai rospi.

Hymns, Orations? Nothing but magnificent Rhetoric. For the soul's tendency to beseech or supplicate, which comes so naturally to false poets and priests, necessarily entails adulation and hypocrisy. Some men will find themselves sooner or later mixed in among the sycophants, worshipers, and hypocrites. But never will the spectre of the Poet arise from those whitened tombs.

The Poet is absolutely incapable of asking others for help, of begging permission or indulging in any sort of expediency in his relation to the tribe. He is, inescapably, a non-political animal. He prefers humble company to powerful friends; the respect of a simple soul means more to him than the esteem of a complicated critic; he confides not in princes but in janitors, mailmen, pensioners. He would sooner live backstairs than in a sumptuous tower. He's become anonymous, the last broken link in a glorious chain. His fabulous distant ancestors climbed Sinai, descended into the inferno, made stones move, brought back the dead, predicted the future, and walked on water. His more recent ancestors, however, remain weary and silent.

Given the nature of his feelings—a heart disappointed, tender, frightened—he stands accused of aloofness, indifference, and egoism. Feeling hurt and betrayed, dissatisfied by the love and friendship of those close to him, and reluctant to hug a horse or rotting carcass, he seeks the friendship of cats and birds, then descends even lower, looking for compassion, anxious to believe he actually has something to offer—he's so delicate! In the end he appeals to flies, snails, scorpions, toads.

When someone asked him what he found poetic about a fly, he answered: "The fly is Poetry. Irascible, prickly, always a little annoying. The fly knows good weather and bad, it buzzes around roses and dung, sniffs the face of the living *and* the dead Laura, stays by Silvia while she sews and by the dog while he sleeps." And the snail? "It's a shell, a nest,

A chi gli ha chiesto che cosa trovasse di poetico in una mosca, ha risposto: "la mosca è la Poesia; irascibile, pungente e sempre un po' noiosa. La mosca conosce il buono e il cattivo tempo, ronza intorno allo sterco e alla rosa, odora il volto di Laura viva e morta, è compagna di Silvia che cuce e del cane che dorme." E la chiocciola? "È guscio, nido, sepolcro." E lo scorpione, e il rospo? "Sono della razza del Poeta; il Poeta è di razza inferiore."

Con queste fole nella testa cosa volete gli offrano la Vita e gli Dei? Una panchina in un parco, un tavolo davanti a un caffè della periferia, una camera mobiliata, un loculo di un cimitero cittadino. Le donne, anche le più affettuose, si disamorano di lui che ha consumato tutta la sua energia per scrivere qualche buon verso. Gli amici lo lasciano ormai solo a passare le Pasque in trattoria, rassegnati a non sentir mai sulle sue labbra una parola di lode o di biasimo.

Molte volte il pellegrino si appoggia di notte al davanzale della finestra e sta immobile ore e ore a sentire il fischio dei treni e il pianto del gufo. Come un bambino a quel richiamo, egli pensa che non morirà mai.

La stanza, dove quest'inverno si è nascosto, è situata sulla riva destra del fiume, al secondo piano di un casone circondato di caserme. "Questo alloggio" dice celiando "non sarebbe dispiaciuto a Cartesio. Un letto a pochi passi dal Quartier Generale, dalle stalle dei Quadrupedi, dal magazzino delle Armi, dalle Polveriere." La sua vita, almeno per ora, è vincolata a un rigido Regolamento, agli squilli dei Trombettieri. Si considera condannato per qualche tempo a vivere chiuso in una Cella di Rigore, su un tavolaccio, avvolto in due coperte di panno militare. Questa imposizione di un Ordine dall'alto, questa volontaria e incolpevole segregazione lo rende calmo e sereno. Tutto sommato il suo ideale di vita monastica, il desiderio di sottoporre a una Disciplina le sue abitudini è finalmente soddisfatto. Sul guerriero e sul recluso egli ha

230

a tomb." And the scorpion and toad? "They and the Poet are of the same race; the Poet belongs to the lower orders."

With such fantasies in his head, what can life and the gods possibly offer him? A park bench, a cafe table on the edge of town, a furnished room, a plot in the town graveyard. Women, even the most devoted, lose interest in a man who spends all his energy writing a few good lines. His friends, tired of hearing him praise or criticize, leave him to spend his Easters alone in a trattoria.

At night the pilgrim often slumps by his window, motionless for hours, listening to the train whistle and the hoot owl's lament. Hearing that call, like a child he thinks he will never die.

This winter he's hiding in a room situated on the right bank of a river, on the third floor of a large house surrounded by army barracks. "Descartes," he says jokingly, "would have liked this place. A bed just a few steps from the general quarters, the cavalry stables, weapons depot, and ammunitions dump." His life, at least for now, is bound to a strict regimen, to the bugle calls. He feels condemned to live for a time in a Cell of Rigor, on an old table, wrapped in two military blankets. This imposition of an Order from above, this voluntary and guiltless segregation, makes him feel calm, serene. His ideal of the monastic life and his desire to subordinate habit to discipline are finally satisfied. He has some advantage over the warrior and recluse: instead of cleaning and working weapons he works and hones words, and he replaces daily prayer with frequent readings of his poetic Fathers. These in no way reek of sanctity. Too often they've been compelled by a dangerous, hysterical, satanic spirit of mystification. They've "denatured" their prophetic powers; they've loaded the void, the stillness, with secrets, charms, enticements. His sense of the void, his keen awareness of some lack, his feeling that things are dropping fast toward rock bottom, his

231

molti vantaggi: può sostituire l'esercizio e la pulizia delle armi con l'esercizio e la lima delle parole, può alternare la preghiera quotidiana con le frequenti letture dei Padri. Questi ultimi non sono tenuti certo in odore di santità. Troppo spesso sono stati dominati da un dannoso, isterico, satanico spirito di mistificazione. Hanno snaturato le loro facoltà profetiche, hanno caricato di segreti, di seduzioni, di incanti, il vuoto e l'immobilità. Il sentimento del nulla, l'acuta coscienza di una mancanza, il senso di una fatale discesa delle cose verso il basso, la certezza di una polarizzazione negativa di tutti i moti e di tutti gli eventi, fanno sì che il Poeta si sorprenda di scatto tutte le volte che lo squillo di una tromba, come a un defunto, gli comanda di levarsi dalle sue ceneri. "Sorgi, tu che dormi nella polvere!" gli sibila al capezzale una voce.

Egli crede di aver detto come meglio poteva, nei suoi versi, il suo amore per la vita, crede di aver sopratutto stabilito dei rapporti di fratellanza con le cose create. E in verità un Poeta non può escludere nulla di tutto quello che gli sta intorno, visibile o invisibile. Egli ne è posseduto. Questo vivere ogni attimo per testimoniare la vita di tutto, questa apparente assenza, questa continua distrazione (la distrazione del cacciatore!), è la stessa assenza, la medesima distrazione di chi necessariamente deve raccogliere tutte le forze per non cadere, come fa il mulo che cammina rasentando gli abissi.

Nell'anima di un giovane la poesia si annuncia come l'amore, con un grande spavento. Il giovane avverte la precarietà di tutti i legami terrestri, sente di essere stato chiamato da una voce che si fida soltanto delle sue capacità di ascolto. Non può più stabilire gerarchie nei suoi affetti, nei suoi interessi, nelle sue passioni: tutte le cose presenti, passate e future stanno lì intorno a lui a eguale distanza. Ricordare, sentire, indovinare, sono facoltà che lo obbligano a un'incantata immobilità. Il giovane che nasce alla poesia crede fermamente di essere l'unica creatura della terra votata a raccogliere i

certainty that all motion and events are approaching ground zero, are such that the Poet is surprised, jolted, when the bugle blast commands him to arise like a dead man from his own ashes. A voice hisses by his deathbed: "Arise, ye who slumber in the dust!"

He thinks he has spoken in his poems as best he could about his love of life, and that he has above all established a brotherhood with all creatures. Indeed no poet can exclude himself from the world, visible or invisible, that stands around him. He is possessed by all things. He lives every moment to bear witness to all life. And his own apparent invisibility and constant distraction (a hunter's distraction!) are those of a person who must of necessity gather and hoard all his strength in order not to fall, like a mule skirting the abyss where he walks.

Poetry strikes a young man's soul like love—he's shot through with fear. He's alert to the precariousness of all earthly bonds and feels he has been called by a voice that trusts solely in his ability to listen. He can no longer construct hierarchies of affection, interest, or passion; all things present, past, and future stand equidistant around him. His powers of remembrance, feeling, and divination demand from him an enchanted immobility. The young man born to poetry firmly believes that he is the only creature on earth dedicated to gathering messages that remain indecipherable to everyone else. Dedicated to gathering and promulgating them. How many times has he gone up the mountain like Moses? From then on he is lost; from the day he writes his first precious lines he is lost to family and friends. But gradually, from the same darkness to which he has exiled the dear faces of his family, sharp-edged but kindly things begin to emerge, birds singing, the season tramping, pulsing, hissing. The boy whom Poetry has so cleverly kidnapped lingers in his surprise; he stretches out exhausted on his bed, or under walnut trees, or

messaggi che a tutte le altre anime riescono indecifrabili. Accoglierli e promulgarli. Quante volte è salito come Mosè sulla montagna? Egli è perduto da quel giorno, dal giorno che gli accadde di trascrivere i primi versetti, egli è perduto per la famiglia e per gli amici. Ma lentamente da quella stessa tenebra in cui sono stati ricacciati i cari volti familiari, spuntano amiche le cose coi loro spigoli, gli uccelli col loro canto, e il tempo col suo trapestìo, il suo palpito, il suo sibilo. Il ragazzo che la Poesia ha con tanta astuzia rapito si sorprende lungamente, sdraiato e come esausto, sulla coperta del letto, sotto un albero di noci, o affacciato alla finestra della sua camera a guardare l'orizzonte. La madre e le sorelle nelle altre stanze camminano in punta di piedi, lo considerano già un malato, un mentecatto. Ma egli gode di rimaner solo ad affogare una mosca nell'inchiostro, a guardare le mille similitudini che genera una foglia quando si muove e l'ombra di una foglia quando sul muro si sposta il sole.

Tutti avvertono lo sforzo sovrumano che oggi costa al Poeta l'edificazione di una teologia. Nessuno s'illude ormai di poter concepire senza peccato, nessuno crede alle risorse dello spirito puro. Il Poeta non è più l'angelo che nasconde il suo sesso, è un gallo che porta bene in vista i suoi attributi, e non si nutre soltanto di rose, ma di carbone e di sterco. Sì, ci sono i poeti che io ho chiamato ovipari, perché hanno i vizi delle gálline, e che ostentano il grande merito di fabbricare forme perfette. I difetti delle galline li conoscete: non soltanto possono covare le uova altrui, non soltanto possono cantare con l'uovo in corpo, ma spesso, fatto l'uovo, esse te lo succhiano col becco. La carenza di una teologia significa la crisi della fede nella Poesia, e poi la perdita delle pratiche rituali, la dispersione delle iniziative, la corruzzione degli schemi e dei moduli expressivi, e sopratutto la fatica, veramente eroica per ogni Poeta, di ricostruire un protocollo.

La nostra epoca, l'epoca che noi chiamiamo moderna, ha

by the window in his room to watch the horizon. His mother and sisters walk on tiptoe around the house—they already consider him an invalid, or idiot. But he enjoys being alone, drowning a fly in ink, watching the thousand likenesses triggered by a stirring leaf, and a leaf's shadow when the sun crawls along the wall.

☆   ☆   ☆

Everyone today knows how superhuman a task it is for the Poet to build a theology. No one has any more illusions about immaculate conception, and people have stopped believing in the resources of pure spirit. The Poet is no longer an angel hiding his sex; he's a cock parading his gifts in full view, and he feeds not only on roses but also on coal and dung. I like to think of some poets as being "oviparous" because they have certain hen-like vices. Like hens, they love to show off their talent for fabricating perfect forms. But hens also have less admirable traits: not only do they hatch eggs belonging to others, and not only can they sing with an egg still inside them, but once the egg is laid they often suck it dry with their beaks. The lack of a theology indicates the crisis of faith in poetry, and therefore the loss of practiced rituals, the dissipation of initiative, the corruption of conventions and structures. Above all it signifies the task, truly heroic for any poet, of reconstructing a protocol.

Refusing to obey traditional doctrines, our modern age has had to recover the world from its ashes. Our poets, however, are not the only ones who have taken part in this rather sacrilegious work, but also the architects who have abandoned their canonic rules, and the painters (perhaps more noisily than the rest) who have rejected all the old inventive machinery, the incredibly productive machinery that enabled past artists to complete a canvas, mural, cupola, or ceiling. We must also admit, though, that just as an inefficient or reckless heir may destroy a rich patrimony of goods and traditions, dissipating family legacies, so the work of our own apostates may have

235

rifiutato l'obbedienza ai dogmi e si è trovata a dover riscoprire il mondo dalle ceneri. E badate bene, a quest'opera un poco sacrilega non hanno partecipato solo i Poeti, ma gli architetti con l'abbandono delle regole canoniche, e i pittori, forse più clamorosamente di tutti, con il rifiuto di tutto uno stupendo macchinario inventivo, di una produttività prodigiosa, un macchinario capace di risolvere una tela, una cupola, una muraglia, un soffitto. Dobbiamo confessare sinceramente che, forse, come succede nelle dissipazioni dei patrimoni familiari quando basta la sventatezza o l'inettitudine di un erede a distruggere un immenso capitale di beni e di tradizioni, anche l'opera dei nostri apòstati bruciò non solo le stoppie, ma arse profondamente la terra buona. Chi porta la miccia, nella furia e nell'ebbrezza delle devastazioni, non distingue un'Accademia dall'altra, un Portico dall'altro, un'immagine viva da una spoglia d'insetto. Noi troviamo dietro il nostro cammino degli eresiarchi sventati e frivoli e dei rivoluzionari cheti, miracolosi.

È noto che le grandi leggi astronomiche trovano la loro conferma in una lettura attenta dei residui del calcolo, residui trascurabili per l'intelligenza nostra, residui fertili di suggestioni e di suggerimenti per l'occhio del geometra. Voi sapete che la differenza tra un cerchio e una ellisse si può rendere minima quanto si vuole, e che la costituzione di un atomo di diamante non è diversa dalla costituzione di un atomo di carbone. Uno sforzo formidabile, una mandibola di fuoco, una tenaglia di fiamme, può di un nero acino di carbone fare una splendida gemma. Petrarca e Gongora possedevano questa virtù; Borromini possedeva la stessa virtù nel godere delle minime aberrazioni di un cerchio; Galileo e Keplero sapevano tener conto dei decimali anche nel manipolare cifre astronomiche. Oggi i Poeti, gli Architetti, i Pittori (e forse perfino gli Astronomi), forse perfino i Filosofi, sono diventati più sciatti. Noi siamo fisiologicamente inefficienti a sostenere la grande fatica di un'opera compiuta: un Canzoniere, un Trittico, una Cattedrale, sono imprese superiori alle nostre forze. A noi sfugge dell'opera d'arte la sua organicità, la sua

not only burned the stubble but also deeply scorched good soil. In his fury and excitement the torchbearer doesn't distinguish one academy from another, one temple from another, a living image from the cast-off skin of an insect. On our journey we see behind us frivolous, frustrated heresiarchs and silent, miraculous revolutionaries.

We all know that the great laws of astronomy have been confirmed by careful study of the remainders in calculus, remainders perhaps negligible to our own intelligence but to a geometor's eye rich with suggestion and promise. We know that the difference between a circle and an ellipse can be minimized infinitely, and that the atomic makeup of a diamond is no different from that of coal. Formidable pressure, mandibles of fire, pincers of flame, can turn a black berry of coal into a splendid gem. Petrarch and Gongora possessed this same power; Borromini, delighting in the minimal aberrations of a circle, also had it; Galileo and Kepler could keep count of decimals even while manipulating astronomical figures. Today the poets, architects, painters, and perhaps even the astronomers and philosophers, have become more slipshod. We are physically inadequate to sustain the great labor of a completed work; a *canzoniere*, triptych, and cathedral are undertakings beyond our power. The organic, self-contained nature of a work of art escapes us. And yet nothing puts the Poet so much at ease as working within closed forms, inside a rule or dogma. For Pascal, inventing doctrine was a lifelong affliction, for Paolo Uccello a lifelong delight. The fertility of dogma is equaled only by the fertility of error. Consider the bottomless abyss which perspective opened up, and the countless mechanisms devised for pursuing the chimera of perpetual motion. Today a kind of doctrine (it too a chimera perhaps) can be found in cubist technique. Poets, however, seem now totally ruled by the *demon du hasard*, pure Chance.

The god of the poets bears a strange resemblance to Spinoza's god, polymorphous, polyvalent, growing and scattering

automaticità. Perché non c'è nulla che riposi tanto il Poeta quanto il lavorare dentro una forma chiusa, dentro una regola, dentro un dogma. Inventarsi un dogma fu per tutta una vita la pena di Pascal, fu per tutta la vita una letizia per Paolo Uccello. La fertilità di un dogma trova solo un paragone nella fertilità dell'errore. Pensate all'inesauribile voragine costituita dal piano prospettico e agli infiniti meccanismi scoperti per inseguire la chimera del moto perpetuo. Oggi qualcosa che somiglia a un dogma, a una chimera, ci potrebbe essere suggerito dalla tecnica cubista, mentre i Poeti, al contrario, sembrano ormai tutti succubi del *démon du hasard*, del Caso.

Il Dio dei Poeti rassomiglia stranamente al Dio di Spinoza, un Dio polimorfo, un Dio polivalente, un Dio che cresce e si disperde e ci sfugge all'infinito, un Dio che si spezza, che si moltiplica, che si frantuma. Un Dio che sarebbe più di noi stessi vicino alle cose, intrinseco alle cose, coinvolto al destino dell'Universo. Il Poeta non avrebbe altra misura, altra ambizione che documentare la sua possibilità di esistere. Nessuna meraviglia se Rimbaud scopre in latrina il suo Poeta di 7 anni, se Leopardi stacca i vermi dalle radici delle parole. La sostanza della Poesia non genera più quei mirifici paesaggi cristallini, quegli splendidi e sonori edifici simmetrici, ma qualcosa di instabile, in cui la crescita è molto visibile, qualcosa che non si placa, che non si interrompe, qualcosa di catalettico, di raccapricciante che assomiglia a una bava, a una pruriggine, a uno sputo o a uno sbocco di sangue. E, devo abusare di una terminologia troppo personale: il Poeta, oggi, è viviparo.

È stato scritto che l'endecasillabo è il verso più naturale alla pronunzia italiana, è stato detto giustamente che la nostra lingua, non soltanto la lingua poetica, cristallizza in endecasillibi. È una verità grossolana, ma è una verità: tanto è vero che da un pensiero di Leonardo da Vinci o da un semplice Avviso Economico si possono estrarre endecasillibi

and escaping from us into the infinite—a god who comes apart, multiplies, crumbles. A god perhaps closer to things than we ourselves are, a god intrinsic to all things, tied to cosmic destiny. The Poet's only standard or ambition may finally be to document the possibility of his own existence. No one wonders at Rimbaud discovering his seven-year-old Poet in a latrine, or at Leopardi picking worms off the roots of words. Poetry's substance no longer generates marvellous crystalline landscapes or splendid or resonant symmetrical structures, but rather something unstable which grows before our very eyes, something that does not abate or break off, something catalectic, unpleasant, a string of saliva, an itch, a glob of spit, a bloody mouth. To resort again to my private terminology, the Poet today is "viviparous."

It's been said that the hendecasyllable is the most natural line in Italian speech and that our language generally, not just poetic utterance, crystallizes in hendecasyllables. An unsavory truth perhaps, but truth nonetheless. One can therefore extract many hendecasyllables from an aphorism by Da Vinci as well as from a simple economic report, just as one can deduce numerous golden means from a plan or drawing of a classical building. I do not believe, however, in the value of applying always the same instruments of measure. I trust more in those instruments, however crude or jerrybuilt, which each artist fashions. Much poetry, like certain colloidal gold solutions, escapes filters of any kind; it cannot be decanted or fixed or separated.

There are other illusions we may as well abandon. The frontiers separating poetry and prose, which once seemed so clearly defined to the Rhetoricians and Sophists that a mere glance was enough to identify them (as a glance is enough to recognize a Roman wall)—these frontiers have dissolved. The result is a formal mixture of the two, or to use Aristotle's term, a *mimetic* relationship. Let me be more precise, since

a iosa. Allo stesso modo che dal prospetto o dalla pianta di un edificio classico si può dedurre una molteplicità di *schemi aurei*. Io non credo nella fertilità dei controlli eseguiti sempre con gli stessi apparecchi; devo dire che ho più fiducia negli strumenti di misura, magari rozzi, magari rabberciati che ciascuno si costruisce. Devo dire che molta poesia, come certe soluzioni colloidali dell'oro, sfugge a tutti i filtri, non si decanta, non si fissa, non si separa.

Tra prosa e poesia—è inutile farsi superflue illusioni—i confini che un tempo apparivano così netti ai Retori e ai Sofisti, così visibili, che bastava a riconoscerli un semplice colpo d'occhio, come basta un semplice colpo d'occhio a riconoscere un muro romano; tra prosa e poesia è avvenuta formalmente una commistione, una mimesi per usare l'antica parola di Aristotele. E vorrei precisare (perché è una considerazione utile a intendere il tessuto metrico della poesia moderna): la commistione di prosa e poesia si spiega come il risultato di una sovrapposizione di due curve, l'una armonica (il canto), l'altra rettilinea (il parlato). Lo scheletro discorsivo, vale a dire una sintassi umana più che divina, regge buona parte dei moderni edifici poetici, e ha permesso delle sinuosità, degli accidenti ritmici che in effetti si ricollegano a certi cori, a certi canti liturgici, a certa musica moderna e allo spartito di una banale canzonetta.

Oggi la sembianza della poesia è mutata; l'edificio di parole e di suoni appare meno regolare, la perfezione geometrica dei modelli che per tanti secoli aveva accreditato l'incorruttibilità delle matrici creando uno standard stilistico capace di nobilitare l'elogio di una mano o la caducità di una rosa, un epitalamio o un epitaffio, non è più oggetto di idolatria e suscita forse in noi più meraviglia che ammirazione.

La impressionante stabilità delle antiche forme, pari soltanto alla stabilità delle Piramidi e dei Colossei, delle Colonne e delle Cupole, ha ceduto il campo a strutture meno astratte, più snelle, più articolate, e certamente più caduche. L'apparecchiatura del linguaggio metaforico, la carica dei simboli

it's important to understand the metric weave of modern poetry. The blend or medley of prose and poetry is the result of two overlapping curves, the one harmonic (canto, sung speech) the other rectilinear (spoken language). The skeleton of speech, a human rather than divine syntax, guides most modern poetic expression and allows for curving rhythmical accidents which loop into old choral and liturgical songs, into certain kinds of modern music, even into tunes from a banal popular song.

Poetic forms have changed. Today the structure of words and sounds is less regular; the geometric perfection of formal models which for centuries led poets to trust absolutely in the incorruptibility of standardized style (thus allowing them to ennoble an epithalamion or epitaph, the beauty of a hand or frailty of a rose)—this perfection is no longer worshipped, and it evokes astonishment more than admiration.

The extraordinary stability of ancient forms (comparable only to the stability of the pyramids and colossi, of columns and cupolas) has surrendered the field to less abstract structures that are more free and easy, more articulate, certainly more short-lived. The *equippage* of metaphoric language—the burden of symbols, figures of speech, ornaments, and emblems—does not incite the Poet to take risks. Metaphor, which is gradually wearing itself out and which has lost its aggressive effectiveness, has declined into mere monogram.

The image has detached itself from the object; emotion has sagged and diminished in the capillarity of likenesses. Unable to believe in the ephemeral value of traditional poetic language, in academic formulas, in the impoverished wreckage of a Mystery now too remote, the Poet has instead found still living roots in barbarisms, in slang, in quotidian truths. And he has found—not among spheres and tabernacles but among thorn bushes and the dismal furnishings of rented rooms—things which share and testify to his inconsolable solitude.

He has had to draw from the wells of instinct, from his animal tenderness. He has had to trust in his sense of smell

e delle figure, dei fregi e degli emblemi, non eccita l'ardire dei Poeti. La metafora, estenuandosi via via, perduta la sua efficacia aggressiva, è scaduta nella sigla.

L'immagine si era staccata dall'oggetto, il sentimento si era illanguidito nella capillarità delle similitudini. Incredulo dell'effimera presa della lingua poetica, del formulario accademico, dei poveri relitti di un Mistero troppo remoto, il Poeta ha trovato nella barbarie, nel gergo radici ancora vive, ha cercato nella verità quotidiana, tra gli sterpi e i lugubri arredi delle camere mobiliate, non dentro le sfere e i tabernacoli, la testimonianza di eventi partecipi della sua inconsolabile solitudine.

Il Poeta ha dovuto attingere ai pozzi dell'istinto, alla sua tenerezza animale. Ha dovuto affidarsi al suo fiuto più che alla sua scienza, al suo dialetto più che alla sua cultura. Non imputiamogli d'averci dato tuberi anzichè gemme.

Il Poeta non si meraviglierà mai abbastanza di esistere, e il suo canto e la sua noia, la sua stanchezza e la sua improvvisa energia subiranno fatalmente l'influsso di una banale vicenda meteorologica. Perché non c'è altra storia più significativa per lui di quella indicata da un lunario e dal tic-tac di un orologio. Gli eventi più grandiosi, le promesse più emozionanti non lo ripagheranno mai dell'angoscia di aver perduto ancora una piuma.

Nessuno meglio di lui sa dissipare il tempo; ma guai a lui se una Chimera gli balena davanti agli occhi! Le sue Chimere giacciono lì, in quella bottiglietta d'inchiostro, su quel piccolo tavolo dove si estenua al crepuscolo l'ultimo residuo del giorno. Dopo aver saccheggiato Algebre e Alchimie, libri di Ottica e trattati di Geometria, dopo aver appreso l'anatomia di un cristallo e di una nube, il disegno di una ruota, la struttura di una pigna, il potenziale di una pila, il peso di un granello di sabbia, la pressione sanguigna di una rana, la resistenza di una trave, la conducibilità di una treccia di alluminio,

more than in his learning, in his native dialect more than in official culture. Let us not accuse him of giving us tubers instead of jewels.

☆　☆　☆

To the Poet existence is a constant wonder. Yet his song, his boredom, his weariness and sudden energy are all fatally subject to banal meteorological routine. The history most meaningful to him is that told by a lunar cycle or the ticking of a clock. The most grandiose events, the most exciting possibilities, can never repay the anguish he feels over losing another feather.

He more than anyone knows how to waste time, but his troubles begin as soon as some chimera lights up before him. His chimeras lie in that ink bottle, on that small table where day's residue stretches into twilight. Having looted algebra and alchemy, optics and geometry, having mastered the structure of crystal and clouds, the design of a wheel, the anatomy of a pinecone, the potential of a battery cell, the weight of a grain of sand, the blood pressure of a frog, the resistance of a girder, the conductibility of plaited aluminum, having read the most useless sort of things (agricultural manuals, novel-length appendices, logarithm tables, telephone directories) and having completed a disciplined but arid education—the Poet finally comes to realize that the great mysteries are not all locked inside Eggs and Tabernacles, Histories and Memoirs. The great question lies right there at the tip of his pen, a point which knows nothing of all those bookish words, of their sound or sense, that dangerous point which can always produce a scrawl of some kind and which his wrist guides ever more slowly as the years pass.

His notebooks, the large notarial registers crammed with his tiny ashen writing, are a little less crowded today, an increasingly rare kind of holiday; the white spaces are littered with the tangled cast-off skins of poems. His few lines are scattered about on pages covered with couch-grass, idle scrib-

dopo aver letto le cose più inutili, manuali di agricoltura e romanzi di appendice, tavole di logaritmi e guide dei telefoni, dopo essersi fatta una educazione inflessibile e arida, il Poeta ha capito che i grandi misteri non sono tutti chiusi nelle Uova e nei Tabernacoli, nelle Storie e nelle Memorie. Il grande problema per lui è sulla punta di quel pennino, che di tutti i versi scritti non conosce nè il senso nè il suono, quel pennino pericoloso da cui può venir sempre fuori uno sgorbio e che il polso muove con gli anni sempre più lentamente.

Oggi i suoi quaderni, i grandi registri notarili che inzeppa di una minuta scrittura cinerea, si sgombrano appena—giacchè i dì di festa sono sempre più rari nella sua vita—per lasciare un'area bianca dove si aggrovigliano le spoglie dei suoi versi. Sparsi qua e là sulle pagine zeppe di gramigna, di insulsi scarabocchi, di tumuli di parole, di una ridda di propositi folli e di effimere fortificazioni, di frecce e di segnali, di croci e di spauracchi, i pochi versi del Poeta si ammucchiano nella sterminata landa delle sue incessanti ipotesi come i fili verdi delle grame aiuole che denunciano sull'altipiano la presenza di una polla d'acqua sotterranea, o come un piccolo cimitero dove la pietà dei morti e i succhi delle precipitose inumazioni restituiscono per ogni lacrima il conforto effimero di un fiore. Con la punta del suo pennino egli scava in ogni verso più profondamente la sua fossa. Perché non c'è un'altra ragione che possa spiegare l'insania della sua fatica, non c'è bene, non c'è profitto che valga quanto quest'illusione: scrivere per prepararsi a morire, scrivere per non morire.

Convinto fermamente che la fine del mondo è di là da venire e che ogni giorno, in ogni attimo, accade una nascita, una morte, una resurrezione, il Poeta non promette più agli uomini miraggi, conquiste, apoteòsi, incanti, non distribuisce castighi o assoluzioni, non fabbrica veleni ed elisiri, non alleva Sfingi e Fenici. Egli raccoglie per tutti gli uomini intera la responsabilità dell'esistenza: non denuncia, non protesta, non minaccia.

Non c'è nulla più tra i pensieri che gli passano per la

bles, word-tombs, storms of wild ideas and fleeting impulses, arrows, signs, crosses, and scarecrows; lines piling up in the vast wasteland of constant hypotheses like green patches of wretched ground cover on a plain announcing the presence of an underground spring. Or like a small cemetery where the pity of the dead and the seeping ooze of hasty burials repay each tear with the brief consolation of a flower. With every line his pen digs the trench a little deeper. There's no other way to explain the madness of his effort, and there's no advantage or gain as valuable as that one illusion: to write as a preparation for death, to write in defiance of death.

Convinced that the world will never come to an end and that at every moment of every day there occurs a birth or death or resurrection, the Poet no longer promises men false images, charms, conquests, apotheoses; he offers no punishment or forgiveness, concocts no poisons or elixirs, breeds no sphinx or phoenix. He takes entirely upon himself the responsibility for all human existence. He does not denounce, does not protest, does not threaten.

Of all the thoughts rushing through his head, of all the wild-grown images, of all the uncoordinated and absurd movements of his soul and body, everything is in some way a consequence of yet other thoughts and images which only a moment ago seemed forgotten. For at a certain point he decided to risk giving himself over entirely to Poetry. Poetry has entered his room and bolted the door.

He has his own nervous tics and totems, his visceral, guttural preferences, his epiphanies and barbarous holocausts. The new and spectacular does not claim his attention; but an ordinary scene, a commonplace landscape, a sequence of small recurrent events, twitches in the feverish evening air or knee spasms caused by dampness, a cyclic order of thoughts and sensations—these claim his soul more deeply than a volcanic eruption or landslide, more than a storm or fire. Travelling the stages of life's way, he realizes that by some quirk of fate he has always avoided sensational events;

245

mente, tra le immagini che affiorano confuse, tra i più accidentati e assurdi moti della sua anima o del suo corpo, non c'è nulla che non appaia una conseguenza di pensieri di immagini di moti che egli credeva aver dimenticato un momento prima. Perché da una certa ora egli rischia di appartenere intero alla Poesia. La Poesia è entrata nella sua camera e ha sprangato la porta.

Il Poeta ha i suoi tic, oltre che i suoi totem; ha le sue predilezioni viscerali, gutturali, le sue epifanie, i suoi barbarici olocausti. Uno spettacolo nuovo lo assorbe difficilmente, ma una scena ordinaria, un paesaggio consueto, una catena di piccoli eventi periodici, assai simili alle punte serali della febbre d'aria o a quelle fitte che l'umidità eccita alle ginocchia, un ordine ciclico di sensazioni o di pensieri, bonificano la sua anima più profondamente di un'eruzione o di una frana, di una tempesta o di un incendio. Se percorre le tappe del suo cammino egli si accorge che per una curiosa fatalità in tutta la sua vita non ha fatto che eludere gli avvenimenti sensazionali, non ha fatto altro che escludere o ridurre a una misura infinitesima, trascurabile, il peso dell'imprevisto. Come un malato di cuore, come un asmatico, egli si è chiuso dentro un universo in cui ogni tumulto è infranto, spezzato, nella realtà delle *petites perceptiones*, ogni sospiro diligentemente dosato, ogni appello attutito.

Quale meraviglia, allora, se il suo viaggio più lungo è quello che percorre ogni giorno tagliando in diagonale la sua camera, se lo spessore della sua esistenza è, nè più nè meno, lo spessore di una velina del calendario? Un tempo, forse, anch'egli ha amato le fughe, i sogni, gli eroici abbandoni; oggi si è chiuso dentro il cono di luce di poche candele, un po' meno spaventato di vivere, un po' meglio preparato a morire. Come un coniglio in una conigliera tutte le mattine egli si trova sotto le zampe, sotto gli occhi, sotto il muso, la sua razione di sillabe, di segni.

1948

he has excluded, or reduced to the tiniest negligible degree, the burden of the unexpected. Like a heart patient or asthmatic, he has enclosed himself in a universe where all commotion diminishes and disintegrates in the presence of *petites perceptiones*, each breath carefully measured, every appeal muffled.

It's no wonder, then, that his longest journey is the one he makes each day walking diagonally across his room, and that the density of his existence is equal to that of a tissue-thin page of a calendar. There may have been a time when he loved daring escapes, dreams, and heroic abandon; but today he shuts himself inside the small cone of light shed by a few candles, a little less afraid to live, a little more prepared to die. Like a rabbit in a hutch, every morning he finds—under his paws, before his eyes, near his nose—his portion of syllables and signs.

1948

THE LOCKERT LIBRARY OF
POETRY IN TRANSLATION

Library of Congress Cataloging in Publication Data

Sinisgalli, Leonardo, 1908-
    The ellipse.

    (The Lockert library of poetry in translation)
    I.   Di Piero, W. S.   II.   Title.   III.   Series.
PQ4841.I67A23   1982   851'.912   82-47613
ISBN 0-691-06529-2   AACR2
ISBN 0-691-01397-7 (pbk.)